本书获得国家自然科学基金项目"西部地区科技资源配置的结构特征、效率评价及市场机制研究"（项目编号：71563005）和贵州省软科学项目"贵州省科技创新政策的供给演进、绩效评估及优化对策研究"（项目编号：黔科合R字［2015］2020-1号）的资助

自主创新

政策的供给演进、绩效测量及优化路径研究

段忠贤 著

科学出版社
北京

内 容 简 介

本书以"政策供给-绩效测量-影响机理-时空效应-政策优化"为研究主线,通过构建自主创新政策量化分析的"政策工具-政策目标-政策力度"(简称"T-O-P")三维分析框架,全面考察了改革开放以来中国自主创新政策的供给特征与演进路径;以 OECD 绩效审计的"4E"评价框架作为识别自主创新政策绩效的关键测评维度,采用量表调查法,对中国自主创新政策的实施绩效进行测量;基于政策过程的视角,构建自主创新政策质量与政策执行力对政策绩效影响机理(简称"Q-E-P")的理论模型,运用典型相关分析和路径分析方法,实证检验了自主创新政策质量与执行力对政策绩效的作用机制;利用面板数据模型,全面揭示中国"十五"和"十一五"时期自主创新政策效应的时空差异;以改善政策质量、提升政策执行力、提高政策绩效为目标,从政策制定、执行、评估和终结等方面,提出自主创新政策的优化路径。

本书可供高等学校和科研院所相关学科的师生、科研人员阅读,也适合政府部门的工作人员参考、借鉴。

图书在版编目(CIP)数据

自主创新政策的供给演进、绩效测量及优化路径研究 / 段忠贤著. —北京:科学出版社,2017. 2
ISBN 978-7-03-051944-3

Ⅰ.①自… Ⅱ.①段… Ⅲ.①农业政策-研究-中国 Ⅳ.①F320

中国版本图书馆 CIP 数据核字(2017)第 040362 号

责任编辑:林 剑 / 责任校对:张凤琴

责任印制:张 伟 / 封面设计:耕者工作室

科 学 出 版 社 出版
北京东黄城根北街 16 号
邮政编码:100717
http://www.sciencep.com

北京京华虎彩印刷有限公司 印刷
科学出版社发行 各地新华书店经销

*

2017 年 2 月第 一 版 开本:720×1000 B5
2018 年 1 月第二次印刷 印张:12 1/2
字数:266 000

定价:**78.00 元**
(如有印装质量问题,我社负责调换)

序

随着科技的发展，创新在社会经济发展中的地位和作用日益凸显，受到越来越多国家和地区的重视。在中国，创新已被提到前所未有的高度。党的十八大提出实施创新驱动发展战略，强调科技创新是提高社会生产力和综合国力的战略支撑。党的十八届五中全会进一步要求：坚持创新发展，必须把创新摆在国家发展全局的核心位置，不断推进理论创新、制度创新、科技创新、文化创新等各方面创新，让创新贯穿党和国家一切工作，让创新在全社会蔚然成风。2016年5月，全国科技创新大会发布了《国家创新驱动发展战略纲要》，对建设世界科技强国进行了全面部署。习近平总书记在全国科技创新大会上提出的中国科技创新"三步走"战略目标，更是与"两个一百年"奋斗目标高度契合、紧紧相连。

当前，中国将创新纳为经济社会发展的重要驱动力和"五大发展理念"之首，推动以科技创新为核心的全面创新，反映了国家发展战略对科技创新的重大现实需求。政府推动创新的过程，其实质就是创新政策供给演进的过程。创新政策作为公共政策的重要组成部分，是推动国家科技创新、提升国家创新能力和竞争力的重要工具。建立健全创新政策体系，是实现创新驱动发展战略目标任务的制度保障，是构建国家创新体系的关键要素，直接影响着国家创新能力和竞争优势。新中国成立以来，中国的创新政策始终围绕国家建设和发展战略的中心任务，紧紧聚焦经济社会发展的重大现实需求，不断加强创新政策的优化、调整和创新，对促进中国经济、社会和科技事业等的发展做出了卓越的贡献。

在未来很长一段时期，中国经济发展将面临下行压力，甚至面临跨越中等收入陷阱的重大挑战。要摆脱这一压力和挑战，必须重视创新、依靠创新、加强创新，将创新政策作为调整生产关系和供给侧结构性改革的重要突破口。特别是在科技体制改革和创新政策工具设计方面，学术理论探讨领域和政策实践探索领域更要密切配合、通力协作，方能提升中国创新政策质量、健全创新政策体系，让创新政策在国家实施创新驱动发展战略中充分发挥实实在在的作用。

从已有研究来看，目前对中国自主创新政策的供给分析、绩效评估以及政策质量、政策执行力与政策绩效之间作用关系方面的研究较为薄弱，尤其是研究方法较为单一，思辨性研究多、实证类研究相对较少，研究内容也有待进一步深化和拓展。总之，现有研究成果很难满足当前中国推进创新驱动发展战略、建设创新型国家的现实需要。段忠贤博士的著作按照"政策供给—绩效测量—影响机理—时空效应—政策优化"的研究主线，运用理论探讨和实证分析相结合的研究方法，对中国自主创新政策进行了系统深入的研究，在自主创新的政策量化分析、政策绩效评估框架、政策质量测量、政策时空效应、政策协调机制等方面，取得了一系列创新成果。该书研究成果不仅在一定程度上迎合了当前国家经济社会建设的重大现实需要，同时对于进一步丰富和完善中国自主创新政策研究话语体系，探索中国自主创新政策理论研究范式，具有重要的理论价值。

该书是作者的阶段性成果，是其读博期间及踏入科研岗位以来的系统性工作总结。他在浙江大学攻博期间，刻苦钻研，表现甚为突出，多次荣获浙江大学"研究生一等奖学金"、"三好研究生"、"光华奖学金"、"研究生优秀团员"、"优秀研究生"、"优秀研究生干部"、"求是学术之星"等荣誉称号，同时还先后荣获教育部"博士研究生学术新人奖"（2012 年）、中央统战部"全国统战理论政策研究创新成果一等奖"（2012 年）、浙江省教育厅"优秀毕业研究生"（2014 年）。2014 年 6 月博士毕业后，进入贵州大学工作的两年时间里，更是勤奋努力，顺利地晋升为副教授，成功地主持申报了国家级和省部级研究项目，获得国家自然科学基金项目、贵州省软科学项目、贵州省哲学社会科学项目、贵州省研究生教育创新计划项目等资助，并荣获贵州大学重点建设学科群公共管理学科"青年学术创新人才"、贵州省高校哲学社会科学学术带头人。

自主创新政策的供给演进、绩效测量及优化路径研究

作为该书作者的博士生导师，看到他不断成长，并取得如此富有创新意义的成果，我无比高兴和欣慰，同时也很乐意为他作序并将此书推荐给相关领域的专家学者和政府有关部门人士，希望通过大家共同研究、交流、讨论和创新，不断推动中国创新政策理论研究领域工作，逐步建立和完善中国特色的科技政策学研究体系。

范柏乃

浙江大学公共管理学院教授、博士生导师

浙江大学中国组织发展与绩效评估研究中心主任

宁波大学商学院院长

2016 年 10 月于杭州

前　　言

本书是我从事研究工作以来首次独立出版的学术著作，研究过程中获得教育部"博士研究生学术新人奖"（2012年）资助，出版时获得了国家自然科学基金项目：西部地区科技资源配置的结构特征、效率评价及市场机制研究（项目号：71563005）和贵州省软科学项目：贵州省科技创新政策的供给演进、绩效评估及优化对策研究（项目号：黔科合R字［2015］2020-1号）的资助。

创新政策是我一直重点关注的研究领域，我先后在《软科学》《经济地理》《中国科技论坛》《自然辩证法通讯》等核心期刊上发表了这方面的研究成果，也获得了相关研究项目资助。本书对中国自主创新政策的供给演进、绩效测量及优化路径进行了系统研究，是在上述研究基础上的完善、丰富和拓展，也是对我阶段性研究工作的系统总结。本书在研究设计上紧密地将理论研究与实证研究、定性研究与定量研究结合起来；在研究资料采集上综合运用了文献法、深度访谈、问卷调查、统计资料等多种研究手段；在研究资料分析中运用了内容分析、方差分析、主成分分析、相关分析、路径分析、面板数据模型等多种研究方法。

本书共有八章，第一章为导论部分，在提出研究问题的基础上，阐述了本书的研究目的与意义、研究基本思路以及主要研究方法。第二章运用文献法，通过系统的文献调研和梳理，对创新政策内涵、创新政策演进、创新政策绩效评估、创新政策绩效影响因素、创新政策工具选择与优化策略等方面的研究成果进行系统的比较分析。第三章通过自主创新政策量化的三维分析框架，对改革开放以来中国自主创新政策文本进行量化分析，全面揭示中国自主创新政策的供给特征与演进规律。第四章采用量表法，从政策的经济性、效率性、效益性和公平性等方面，对东部、中部、西部的自主创新企业进行问卷抽样调查，全面考察了中国自主创新政策实施绩效水平及其差异性特征。第五章从政策的稳定性、适应性、协调性、连续性等方面测量了自主创新政策质量，实证检验了自主创新质量各维度对自主创新政策绩效的影响机理，并分析了自主创新政策执行力的中介作用。第六章通过构建面板数据模型，实证分析和讨论了不同类别的自主创新政策效应、自主创新政策效应的时期差异以及自主创新政策效应的区域差异。第七章从政策过程视角，提出了具有科学性、针对性、可操作性的自主创新政策优化路径，包括创建面向全球的开放式创新政策体系、构建自主创新政策协调机制、建立自主创新政策评估制度、完善自主创新政策终结机制等对策建议。第八章系统地总结了研究的主要结论和创新点，实事求是地分析了研究局限与不足，并提出了未来研究的努力方向。

本书在创新政策研究领域主要有以下五个方面的可能性贡献，一是提出了自主创新政策量化的"政策工具—政策目标—政策力度"（简称"T-O-P"）三维分析框架，并制定了相应的量化标准；二是运用量表测量方法，对中国自主创新政策的实施绩效进行实际测评；三是构建了自主创新政策质量与政策执行力对政策绩效的影响机理理论模型（简称"Q-E-P"理论模型），采用典型相关分析和路径分析，对"Q-E-P"理论模型进行了实证检验；四是运用面板数据模型，全面地揭示了"十五"时期和"十一五"时期中国自主创新政策效应的时空差异；五是以改善政策质量、提升政策执行力、提高政策绩效为目标，从政策制定、执行、评估和终结等方面着手，提出全面优化自主创新政策的基本路径。

回想起本书撰写的过程，充满着无限的"感恩"。有了父母的养育之恩，才有此书的问世。在写作过程中，妻子给予了生活上的分担和包容。同时，如山的导师恩情，让我今后不知如何回报。可以说，遇不到恩师范柏乃教授，我的"浙大梦"就不会那么精彩，"博士梦"也不知何时才能上演。五年的硕博连读生涯，导师倾入了大量心血，不仅仅是知识上的灌输，还有思想上的启迪，更有生活上无微不至的关照。导师和师母的关怀恩情，尤其是在我求学期间发生"经济危机"中的慷慨救济，让我的"学术梦"和"生活梦"实现了完美的对接。还有最受我尊敬的老师们，正因有他们辛勤的浇灌，我才享受到"学术梦"里的仙境和魅力。他们毫无保留地传授知识和经验，作为学生的我只能是崇敬和感激，不过我会好好地珍藏。当然，还要感恩我深爱的母校——浙江大学，并未嫌弃来自边远西部山旮旯里的后进生。自从走向母校怀抱的那天起，特别是在"求是创新"的熏陶下，让我更加坚定我的未来不是"梦"。在此，向所有关心、支持和帮助过我的领导、老师、学友、朋友和家人们表示我最诚挚的感谢。

由于本人能力有限，本书肯定还存在一定的不足和局限，诚望各位专家学者和读者批评指正。此外，本书在撰写的过程中，还参阅了大量国内外相关研究成果，使用了同行专家学者们的相关研究数据和资料，在此向所有参考文献资料的作者表示深深的谢意！

段忠贤
2016 年 10 月于贵阳花溪

目　　录

自主创新政策的供给演进、绩效测量及优化路径研究

第一章 导 论

"自主创新"是中国特有的一个名词,国外没有等同的概念,与其内涵紧密相关的名词有"创新""技术创新""科技创新"等。从创新能力较强的国家(如美国、德国、日本、韩国)的技术创新实践来看,创新政策是激励创新活力最为有效的工具和手段,创新政策的完善程度成为衡量一个国家或地区创新能力强弱的重要指标之一。创新政策越完善,政府政策与创新体系对自主创新活动的贡献作用就会越大,推动国家或区域创新能力提升的动力也就越来越强。从某种意义上说,创新政策供给演进的过程其实质就是政府推动自主创新活动的改革实践过程。正是由于创新主体的政策需求和政府政策的不断供给之间相互作用,科学技术才得以发展和进步,自主创新能力才得到不断提高。

第一节 问题的提出

新中国成立以来,中国科技迅速发展,从"两弹一星"到"神八""神九""嫦娥三号月球车"等系列自主创新工程的圆满完成,彰显了强大的自主创新潜力。中国逐步形成了具有中国特色的国家创新体系。中国科学技术的进步,可以用多种因素加以诠释,但有一个不可忽视的因素就是政府的推动作用,由此促进自主创新的政策质量和政策绩效迅速提高,为中国自主创新能力提升作出了重要贡献。当前,从研发投入和科技人力资源总量来看①,中国已经是一个科技大

---

① 2012 年中国全社会研发经费投入总量达到 10 298.4 亿元,按照汇率计算,位居世界第三。此外,据统计显示,2012 年中国大学本科及以上学历的科技人力资源总量达 6960 万人,连续六年保持世界第一。

国；但从投入强度和结构、产出能力、区域自主创新能力方面来看，仍存在着诸多的问题与不足。

一、自主创新投入强度偏低、结构失衡

衡量一个国家和地区的创新投入水平，最为常用的重要指标就是 R&D（研究与试验发展）经费投入。从中国 R&D 经费投入情况（表 1-1）可以看出，自1996 年以来，中国 R&D 经费投入总量逐年递增，平均增长速度达 21.38%，特别是在"十一五"时期的增长速度最大。然而，与创新发达国家相比[①]，中国 R&D 经费投入强度（R&D 经费支出与国内生产总值之比）明显偏低，2012 年以前均尚未突破 2%，2013 年才首次突破 2%；在 R&D 经费投入结构（基础研究经费、应用研究经费与试验研究经费在 R&D 经费投入中的比重）上，用于基础研究和应用研究的经费相对较少，而用于试验研究的经费支出较多，2007 年以来一直保持占 R&D 经费的 80% 以上，这表明中国 R&D 经费投入结构不太合理，需要进行调整和优化；在 R&D 经费来源结构（政府资金与企业资金之比）上，以企业投入为主体，政府投入比重较小，表明改革开放以来鼓励转制的公共研究机构与企业创新系统实现了很好的融合，以企业为自主创新主体的创新系统开始逐步形成。

表 1-1　1996～2014 年中国 R&D 经费投入情况

年份	R&D 经费（亿元）	R&D 经费增长率（%）	R&D 经费投入强度（%）	R&D 经费投入结构（%）	R&D 经费来源结构（%）
1996	404.5	—	0.6	5.0 : 24.5 : 70.5	38.5 : 61.5
1997	481.5	19.04	0.64	5.7 : 27.1 : 67.2	37.0 : 63.0
1998	551.1	14.45	0.69	5.2 : 22.6 : 72.1	35.1 : 64.9

---

① 有关调查统计显示，2007 年，R&D 经费投入强度超过 2% 的国家有以色列（4.68%）、韩国（3.47%）、日本（3.44%）、美国（2.68%）、德国（2.54%）、法国（2.08%）等。

年份	R&D 经费 （亿元）	R&D 经费 增长率（%）	R&D 经费投 入强度（%）	R&D 经费投 入结构（%）	R&D 经费来 源结构（%）
1999	678.9	23.19	0.83	5.0 : 22.3 : 72.7	38.8 : 61.2
2000	895.7	31.93	1.00	5.2 : 17.0 : 77.8	31.4 : 68.6
2001	1 042.5	16.39	1.09	5.0 : 16.9 : 78.1	31.0 : 69.0
2002	1 287.6	23.52	1.07	5.7 : 19.2 : 75.1	31.6 : 68.4
2003	1 539.6	19.57	1.13	5.7 : 20.2 : 74.1	29.0 : 71.0
2004	1 966.3	27.71	1.23	6.0 : 20.4 : 73.7	26.2 : 73.8
2005	2 450.0	24.60	1.34	5.4 : 17.7 : 76.9	26.1 : 73.9
2006	3 003.1	22.58	1.39	5.2 : 16.3 : 78.5	26.4 : 73.6
2007	3 710.2	23.55	1.40	4.7 : 13.3 : 82.0	25.9 : 74.1
2008	4 616.0	24.41	1.47	4.8 : 12.5 : 82.8	24.7 : 75.3
2009	5 802.1	25.70	1.70	4.7 : 12.6 : 82.7	24.6 : 75.4
2010	7 062.6	21.72	1.76	4.6 : 12.7 : 82.8	25.1 : 74.9
2011	8 687.0	23.00	1.84	4.7 : 11.8 : 83.4	22.7 : 77.3
2012	10 298.4	18.55	1.98	4.8 : 11.3 : 83.9	22.6 : 77.4
2013	11 846.6	15.03	2.00	4.6 : 10.7 : 88.8	22.1 : 77.9
2014	13 015.63	9.87	2.02	4.7 : 10.7 : 88.7	21.2 : 78.9

资料来源：国家统计局历年统计年鉴及测算结果

二、自主创新产出能力相对薄弱

自主创新产出是创新投入的结果，不仅是自主创新投入效率的重要体现，也反映一个国家或地区的创新能力水平。从图 1-1 可以看出，1996 年以来，中国每千名 R&D 人员专利申请授权数呈现逐年增长趋势，而每千名 R&D 人员发表 SCI

论文数偏少，与美国、欧盟、日本、韩国、新加坡等相比，还存在较大的差距。同时，每千名 R&D 人员发表 SCI 论文数的增长率较低，甚至在某些时期呈负增长，如 2007～2010 年每年的数量没有 2005 年和 2006 年多。导致这一结果的原因是多方面的，不仅是因为越来越多的研发人员转向企业，而企业并不是以发表 SCI 论文为目标，也有可能是由于我国大量的科研人员从事的主要是试验发展工作，不大会产生大量 SCI 论文。

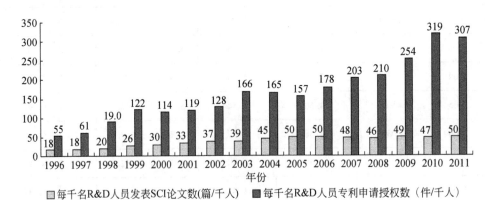

图 1-1　1996～2011 年中国每千名 R&D 人员专利申请授权数与发表 SCI 论文数

资料来源：国家统计局历年统计年鉴

三、区域自主创新能力发展不协调

加快实施创新驱动发展战略，努力建设成为创新型国家，区域扮演着关键的角色，并承担着重要的任务。为了考察中国区域自主创新能力发展是否存在显著的差异，本书充分利用《中国区域创新能力报告》（2006～2015 年）的历年成果数据，以 SPSS-20.0 统计分析软件为工具，对《国家中长期科学和技术发展规划纲要（2006～2020）》实施以来中国 31 个省级行政区域的自主创新能力综合效用值进行聚类分析。聚类分析结果显示（表 1-2），当前中国存在着明显的区域自主创新能力差异，可以划分为四类地区：第一类地区的区域自主创新能力最强，且属于经济较为发达地区；第二类地区分布在沿海发达地区，区域自主创新能力相对较强；第三类属于区域自主创新能力处于中等水平的省级行政区域；第四类属于区域自主创新能力相对较弱的省级行政区域，大多处于经济欠发达的西部地区。该结果在一定程度上反映了目前中国存在着明显的区域自主创新能力发展不协调的突出问题。

表1-2 我国区域自主创新能力综合效用值的聚类分析表

聚类层次	省级行政区
第一类	江苏、广东、北京、上海
第二类	浙江、山东、天津
第三类	辽宁、河南、福建、安徽、四川、湖北、重庆、陕西、湖南
第四类	河北、山西、江西、吉林、黑龙江、内蒙古、广西、贵州、云南、甘肃、新疆、海南、西藏、宁夏、青海

注：根据《中国区域创新能力报告》的历年成果数据聚类分析结果

　　以上这些问题与不足在一定程度上表明中国在推进自主创新活动的过程中，所选择的自主创新政策工具仍存在缺陷，深层次原因与自主创新政策息息相关。然而，为推动自主创新和提高自主创新能力，中国制定并实施了包括科技投入、税收优惠、政府采购、金融支持、人才开发、专利保护等一系列自主创新政策措施工具。那么，改革开放以来，中国自主创新政策供给演进状况如何，存在什么样的供给特征，又经历了什么样的演进历程？现行的自主创新政策实施绩效水平究竟又是如何？到底存在哪些关键因素影响自主创新政策的实施绩效，这些关键影响因素又是怎样影响（直接影响或间接影响）自主创新政策实施绩效的？如何从政策制定、执行、评估、终结等过程全面优化我国自主创新政策体系？迫切需要在学术上对上述问题开展理论探索与实证研究。

第二节　研究目的与意义

《国家中长期科学和技术发展规划纲要（2006～2020）》明确指出，要把自主创新能力作为调整经济结构、转变增长方式、提高我国竞争力的重要环节，将建设创新型国家作为中国面向未来的重大战略选择。同时，党的"十八大"提出创新驱动发展战略，为增强中国经济发展内生动力指明了方向。党的十八届三中全会进一步要求，加快建设创新型国家，推动经济更有效率、更加公平、更可持续发展。当前一段时期，是中国加快转变经济发展方式的攻坚时期。推动自主创新和提高自主创新能力，是加快中国转变经济发展方式、促进经济持续健康发展的重要选择。无论是加快实施创新驱动发展战略，还是加快创新型国家建设，创新政策的关键性作用是不容忽视的。

本书的主要目的在于全面了解改革开放以来中国自主创新政策的供给特征与演进历程，把握当前自主创新政策的实施绩效水平，掌握自主创新政策质量与执行力对政策绩效的影响机理，揭示自主创新政策效应的时空差异，提出全面优化自主创新政策的路径选择，以期为推进中国自主创新政策管理工作朝着科学化、制度化、规范化方向发展提供理论参考和现实依据。总的来说，探究中国自主创新政策的供给演进、绩效水平及优化问题具有极其重要的理论价值和实践意义。

一、理论价值

从量化分析政策工具的视角入手，对中国自主创新政策的供给特征与演进路径进行探讨，在一定程度上将丰富和完善政策变迁研究的定量分析方法；从创新主体的感知、体验等行为视角，对中国自主创新政策实施绩效进行测量，将拓展和深化政策评估理论与方法；采用路径分析方法，考察自主创新政策质量与执行力对政策绩效的影响机理，是对政策分析研究的有益补充；运用面板数据模型，对中国自主创新政策效应的时空差异进行实证分析，进一步丰富创

自主创新政策的供给演进、绩效测量及优化路径研究

新政策研究的计量方法视角；以改善政策质量、提升政策执行力、提高政策绩效为目标，从政策的制定、执行、评估和终结等方面着手，提出全面优化中国自主创新政策，将为政策优化研究提供一个新的视角。总的来看，本书成果对于深化和拓展自主创新的政策研究，丰富和完善自主创新政策的理论体系具有重要的理论价值。

二、实践意义

对改革开放以来中国制定并实施的一系列自主创新政策进行系统梳理，总结归纳中国自主创新政策的供给特征与演进路径，有助于人们全面了解中国推进创新型国家建设的改革过程；对中国自主创新政策绩效的测量研究，有助于科学认识中国自主创新政策的实施绩效水平；正确地揭示中国自主创新政策实施效果的影响因素及影响机理，有利于引导政府对自主创新政策进行有效的管理；全面考察中国自主创新政策效应的时空差异，有助于掌握不同类别的自主创新政策效应在不同时期和不同地区是否存在显著性差异；创建面向全球的开放式创新政策框架、构建自主创新政策协调机制、健全自主创新政策的绩效评估制度、完善自主创新政策的终结实施机制，对于加快实施创新驱动发展战略，进一步推进创新型国家建设具有重要的实践指导意义。

第三节　研究的基本思路

本书以"政策供给—绩效测量—政策质量与政策执行力对政策绩效的影响—时空效应—政策优化"为主线，在对改革开放以来中国颁布实施的一系列自主创新政策工具进行系统收集和梳理的基础上，从政策工具、政策目标和政策力度等维度，构建自主创新政策量化的三维分析框架，全面考察自主创新政策的实际供给特征和演进历程；借鉴 OECD 政策绩效审计的"4E"评价框架，设计自主创新政策绩效测评量表，对中国东部、中部和西部地区共 300 家自主创新企业进行实证测量，考察自主创新政策实施绩效水平，以及自主创新政策在不同地区、不同企业类型、不同企业规模的实施绩效水平差异；以 Scartascini 等（2013）提出的政策质量特征（稳定性、适应性、协调性和连续性）作为识别中国自主创新政策质量的关键测评维度，采用路径分析方法，研究揭示自主创新政策质量与执行力对政策绩效的影响机理；以 Rothwell 和 Zegveld（1981）提出的创新政策类型为解释变量，以高新技术产业发展为被解释变量，以从业人员规模和创新机构规模为控制变量，利用面板数据模型对中国"十五"和"十一五"时期 31 个省份的数据进行实证分析，重点考察中国自主创新政策效应是否存在时空差异。在上述研究基础上，以改善政策质量、提升政策执行力、提高政策绩效为目标，从政策过程的视角，包括政策制定、执行、评估与终结等方面，研究创建面向全球的开放式的自主创新政策框架、构建自主创新政策协调机制、健全自主创新政策的绩效评估制度、完善自主创新政策的终结实施机制。本书的基本思路与技术路线如图 1-2 所示。

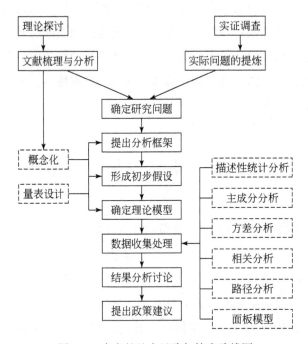

图 1-2　本书的基本思路与技术路线图

　自主创新政策的供给演进、绩效测量及优化路径研究

第四节　研究的主要方法

本书尽可能地将理论研究与实证研究、定性研究与定量研究相结合，综合运用文献调研、深度访谈、问卷调查、专家咨询等数据采集方法，以及描述性统计分析、内容分析、方差分析、主成分分析、路径分析和面板数据模型等数据分析方法。

一、内容分析法

内容分析法（content analysis）是一种主要以各种文献为研究对象，对文献内容进行客观、系统和定量描述的研究方法。本书运用内容分析法，对改革开放以来我国政府颁布实施的一系列自主创新政策文本进行系统的梳理，从政策类别、政策内容、政策条文、政策效力与政策目标等方面进行量化分析，以期全面了解和把握我国自主创新政策的供给特征与演进历程。

二、深度访谈法

深度访谈法（personal interview）又称为"深层访谈法"，是一种无结构的、直接的、个人的访问，在访问过程中，由一个掌握高级技巧的调查员深入地访谈一个被调查者，以揭示对某一问题的潜在动机、信念、态度和感情。本书紧紧围绕自主创新政策绩效测量、自主创新政策质量与政策执行力测量，以及自主创新政策的优化路径等问题，选择 10 名专家进行深度访谈，为设计相关的测量量表、提出科学合理的自主创新政策优化路径等提供良好的基础。

三、问卷调查法

问卷调查法（questionnaire survey）又称为"书面调查法""问卷法""填表法"，是调查者采用统一设计的问卷向被选取的调查对象了解情况或征询意见的一种调查方法。本书严格按照公共政策测量量表设计的理论、方法与程序，采用

LIKERT 五点量表法，设计具有良好信度和效度的"自主创新政策绩效"和"自主创新政策质量与执行力"调查问卷，对我国自主创新主体进行实证测量。

四、方差分析法

方差分析（analysis of variance，ANOV）也称为"变异数分析"，主要用于两个及两个以上样本均数差别的显著性检验，其基本思想是通过分析研究不同来源的变异对总变异的贡献大小，从而确定可控因素对研究结果影响力的大小。本书采用方差分析法，考察自主创新政策在不同地区、不同企业类型、不同企业规模的实施绩效水平是否存在显著性的差异，以及自主创新政策质量与执行力在不同地区、不同企业类型、不同企业规模等方面是否存在显著性的差异。

五、主成分分析法

主成分分析（principal component analysis，PCA）也称为"主分量分析"，旨在利用降维的思想，把多指标转化为少数几个综合指标（即主成分），其中每个主成分都能够反映原始变量的大部分信息，且所含信息互不重复。本书运用主成分分析法，对自主创新政策绩效的测量变量进行简化和降维，使自主创新政策绩效的概念更为明确，界定更为清晰，操作起来更为简便。同时，还使用该方法对自主创新政策绩效的测评结果进行实证测度。

六、路径分析法

路径分析（path analysis，PA）是通过分析变量之间假设的因果效应，来检验一个假设的因果模型的准确和可靠程度，测量变量间因果关系的强弱。本书运用路径分析法，构建自主创新政策质量与执行力对政策绩效影响的路径分析模型，揭示自主创新政策质量（及其各关键维度指标）对政策绩效（及其各关键维度指标）的影响方向、影响强度；揭示自主创新政策质量（及其各关键维度指标）对政策执行力的影响方向、影响强度；揭示自主创新政策执行力对政策绩效（及其各关键维度指标）的影响方向、影响强度。

七、面板数据模型

面板数据模型（panel data model）是基于面板数据的回归模型，可以分为单方程面板数据模型和联立方程面板数据模型，也可以分为线性面板数据模型和非线性面板数据模型。本书运用面板数据模型，对我国"十五"和"十一五"时期31个省级面板数据进行实证分析，重点考察中国自主创新政策效应是否存在时空差异，包括不同类别的自主创新政策效应以及自主创新政策效应的时期差异和区域差异。

第二章　文献回顾与评述

美籍奥地利经济学家熊彼特在 1911 年出版的《经济发展理论》中首次提出"创新"一词，并在 1933 年出版的《商业周期》中将"创新"界定为："建立一种新的生产函数或供应函数"，即"企业家对生产要素或生产条件进行新的组合"（熊彼特，2000）。自熊彼特提出"创新"概念以来，创新政策一直是创新领域十分活跃的研究问题。在创新政策的相关问题研究上，国内外学者已开展了大量的研究，取得了丰富的研究成果。这些学术研究成果异彩纷呈，丰富和完善了创新管理理论和公共政策理论，可是目前却缺乏对这些研究成果进行系统的分析。只有对已有的创新政策相关研究成果进行深入系统的分类分析，才能全面了解和把握创新政策的研究动态，为后续相关研究指明方向。为此，本章将从创新政策的内涵、创新政策的演进、创新政策的绩效评估、创新政策绩效的影响因素、创新政策工具选择与优化策略等方面全面系统地梳理和分析相关研究成果，以期拓展本书视角。

第一节　创新政策内涵与演进研究

一、创新政策的内涵研究

创新政策与一个国家或地区的社会经济发展息息相关，但迄今为止，对创新政策的内涵尚未形成一致的认识，比较有代表性的定义如表 2-1 所示。通过系统的文献调研和比较分析发现，目前国内外学者对创新政策的内涵大体上有以下三种不同的观点：

第一，创新政策是政府的经济政策与科技政策的相互协调。持该观点的是经济合作与发展组织（OECD）。1982 年，OECD 发布了一份有关创新政策的研究报告，该报告认为创新是一个复杂的系统过程，是在一定的经济社会环境下开发、调试和应用新技术的结果，其中跟技术创新息息相关的很多东西均被囊括进来。对于政府颁布实施的创新政策来说，一方面要与经济发展政策相互促进，另一方面要跟科技发展政策密切相关。OECD 又进一步明确指出，政府颁布实施创新政策的主要目的是促使科学技术发展政策与其他政策，尤其是经济发展政策、产业发展政策和社会发展政策，包括资源、环境、教育和人才政策形成一个统一的政策体系。中国创新政策方面的研究学者罗伟等（1996）的观点与 OECD 的观点不谋而合，认为创新政策是科学技术政策不可或缺的重要组成部分，跟政府推行的经济发展政策和产业发展政策息息相关，可以说是对资源、环境、教育和人才政策的组合，而科学技术发展政策和工业发展政策中关于推动创新的政策内容是创新政策的核心所在。此外，国外学者 Lundvall 和 Borras（2005）以及国内学者彭纪生等（2008a）在研究中也持有类似的观点。可以看出，这种观点重点强调科技政策在创新政策中的重要性，同时强调科技政策与其他相关政策的协调与整合。

表 2-1　创新政策的代表性定义

作者（定义年份）	创新政策的定义
OECD（1982）	创新政策一方面与政府在经济政策问题上的认识密切相关，另一方面也与它的总体科学技术政策密切相关。发展创新政策的目的是要把科技政策与政府其他政策，特别是经济、社会和产业政策，包括能源、教育和人力资源政策形成一个整体
Rothwell（1986）	创新政策是一个整合的概念，是指科技政策与产业政策的融合。其中，科技政策包括知识产权保护、职业教育、基础理论研究和应用研究等，而产业政策包括税收优惠、投资激励、产业改组和应用研究等
鲍克（1994）	创新政策是政府为了鼓励技术发展及其商业化以提高竞争力的各种社会经济政策的总和，处于经济政策的中心位置，直接鼓励创造与变化。技术政策是创新政策的重要组成部分，创新政策则是产业政策的重要组成部分

作者（定义年份）	创新政策的定义
Dodgson 和 Bessant (1996)	创新政策是一个综合的概念，与解决当今世界重大经济问题密切相关。创新政策的目标包括改进企业、网络、产业和整个经济体创新能力，是一个多目标体
Lundvall 和 Borras (2005)	科学政策、技术政策与创新政策是不同的，但存在交叉和重叠。科学政策聚焦于产品和科学知识，技术政策聚焦于部门技术知识的推进和商品化，而创新政策关注的是经济的整体创新绩效
陈劲和王飞绒 (2005)	创新政策是指一国政府为促进技术创新活动的产生和发展，规范创新主体行为而制定并运用各种直接或间接的政策和措施的总和

第二，创新政策是科技政策和产业政策的相互协调。持此观点的是英国著名学者 Rothwell。Rothwell（1986）认为，20 世纪 70 年代中期以前，西方发达国家在不同程度上实行了不同类型的产业政策和科技政策，其中产业政策包括财政税收、投资融资、产业调整和产业管理等；科技政策则主要有知识产权保护、科技人才教育、基础研究与应用研究等。可是，科技政策是由不同政府职能部门分别制定实施，与产业政策之间缺乏有效的协调和配合，所以这两种政策的目标和作用对象会由于制定实施主体的政府部门不同而产生差异。20 世纪 70 年代中期以后，越来越多的发达国家开始逐渐认识到，创新能够推动新产品研发和推广，在很大程度上能够进一步激活产业发展的活力，所以开始有政府行为逐步介入创新政策研制中，创新政策的作用对象涵盖从技术研究到市场乃至于销售全过程。在 Rothwell 看来，创新政策是有关科技发展政策和产业发展政策的统一整体，政府推动科技进步的创新政策是多种多样的，所以出现多样化的不同类型的政策工具，以达到技术创新目的。国内有部分学者（夏国藩，1993；鲍克，1994）也接受这种观点，如夏国藩（1993）在《技术创新与技术转移》著作中提出，创新政策一般是科学技术政策与产业发展政策的有机组合，是政府为推动科技创新而制定实施的各种政策措施和手段。

第三，创新政策是政府为了推动创新活动采取的各种政策的综合。其中持此观点的代表人物是欧洲著名学者 Dodgson。Dodgson 和 Bessant（1996）认为，创新政策是一个综合性的概念，包括改进企业、网络、产业和整个经济体的创新能力的目标。创新是一个过程，它涉及技术和其他相关信息在多个部门之间的流动，包括在不同规模的所有制企业和研究机构之间的流动，创新政策的主要目标就是帮助沟通信息的流动，并产生积极的内部和外部经济效果。因此，创新政策既不同于主要关注科学发展和科学人才培养的科学政策，也不同于以支持、扩大和促进技术开发为目的的技术政策。创新所涉及的不仅仅是各种技术问题，同时也涉及组织与管理问题。从某种程度上来说，创新的组织和管理问题可能要比技术性问题更显重要，因为组织和管理是实现转化的最重要的环节。同时，创新在很大程度上更具有内生经济变量的性质，政府的很多行为都会对技术创新行为产生影响。因此在很多学者（陈劲和王飞绒，2005；范柏乃等，2012）看来，创新政策是政府为了推动技术创新的各种政策的综合，而科技政策和产业政策中的有关推动创新的内容，构成创新政策的核心。

尽管迄今为止学术界就什么是创新政策仍未达成统一的界定，却存在着以下几点基本共识：第一，创新政策是科技进步与经济发展相互协调的产物；第二，创新政策应以技术创新活动作为政策对象；第三，创新政策是一个政策体系，涉及科技、教育、经济、贸易、金融等诸多政策领域；第四，创新政策是一个整合的概念，即各种相关政策的有机结合与相互协调。可见，创新政策是一国或地区为推进技术创新活动而采取的一系列政策措施的总和，其中技术创新政策是创新政策的核心。然而，技术创新政策是以科学技术成果从科学技术部门向产业部门转移乃至经历市场检验的过程为作用对象的公共政策。

二、创新政策的分类研究

对创新政策的研究，离不开创新政策的分类问题。事实上，科学合理的政策分类，是开展创新政策研究的前提和基础。尽管创新领域的研究特别关注创新政策问题，可是对创新政策分类的研究仍较为罕见（Freitas and von Tunzelmann，2008）。

国外学者 Rothwell 和 Zegveld（1981）在研究中将创新政策分为供给性政

策、环境性政策和需求性政策；中国学者赵筱媛和苏竣（2007）在其研究基础上，进一步对供给性、环境性和需求性的创新政策进行细分，把供给性的创新政策分为教育培训、科技信息支持、科技基础建设、科技资金投入和公共服务等，环境性的创新政策分为目标规划、财务金融、税收优惠、知识产权保护、法规管制等，需求性的创新政策分为政府采购、贸易管制、外包等。Ergas（1987）则将创新政策分为具有"集中"（政策制定、执行和评估的集中）特点的使命导向型政策和具有"分散"（政策制定、执行和评估的分散）特点的扩散导向型政策，其中把美国、英国和法国的创新政策划为使命导向型，而把德国、瑞士和瑞典的创新政策归为扩散导向型。Cantner 和 Pyka（2001）从创新政策演进的视角，提出市场贴近程度和政策措施特定性的两维政策分类框架，将创新政策分为基础研究 1 型、基础研究 2 型、扩散型和使命型。法国著名的创新政策专家 Gaudin 认为，创新政策主要包括以下三个框架：对创新者的支持、技术文化的培养和消除对创新的阻碍，由此提出技术创新政策的"三极模式"，即结构极（重大项目）、操作极（智力投资）和关系极（竞争与协调）（图 2-1）。

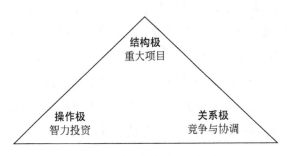

图 2-1　创新政策的三极模式

资料来源：江蕾，2010

此外，Freitas 和 von Tunzelmann（2008）从政策的知识目标、政策工具、政策执行等三个维度，将创新政策分为六类：使命型与扩散型、特定型与一般型、地方主导与中央主导（图 2-2），并建立一个包含 46 个题项的政策规划编码框架，对 20 世纪 80 年代早期至 2002 年法国和英国的 149 项政策规划进行编码，

　自主创新政策的供给演进、绩效测量及优化路径研究

运用主成分分析法进行分析，研究结果论证了三维创新政策的分类框架。Freitas 和 von Tunzelmann 两位学者对创新政策分类的研究贡献，代表了跨国创新政策比较和分类的最近水平（吴欣，2010）。

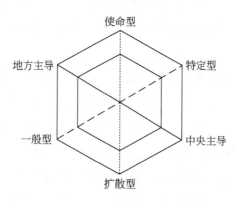

图 2-2　创新政策的三维框架

资料来源：Freitasa and von Tunzelmann，2008

三、创新政策的演进研究

目前，世界各国和地区都在积极实施和完善适宜本国和地区发展的创新政策，很多国家特别是发达国家都已形成了各自的创新政策体系。对创新政策演进的研究，有助于揭示创新政策演进规律和供给特征，探寻创新政策演进和供给的动力因素和障碍因素，从而制定创新政策体系的全面优化方案。通过文献调研发现，国内外学者对此均表现出浓厚的研究兴趣，近年来涌现出很多研究成果。纵观国内外有关创新政策演进的研究，主要集中在创新政策演变阶段、规律与特点的研究上。

对创新政策演进阶段的研究较多，可是划分标准与方法尚未达成共识，同一国家或地区的创新政策演进，对于不同的研究者，其划分结果也不尽相同。吴建南和李怀祖（1998）根据我国技术创新政策的不同特点，将改革开放以来的技术创新政策演进历程划分为三个时期，分别为 20 世纪 80 年代、90 年代上半期（1995 年以前）、1995 年至今。Radosevic（2003）从科技政策在调整和重构科技体系中的作用出发，将俄罗斯科技政策的演进历程划分为"保护""重构""生存"三个阶段。经济合作与发展组织以中国国家科技战略会议（1978 年、1985 年、1995 年和 2006 年）为标志，将中国科技政策改革与发展划分为四个阶段：1978~1985 年的试验阶段、1985~1995 年的科技体制结构改革阶段、1995~2005 年的科技体制改革深化阶段、2005 年后的企业导向创新体系建设阶段。

在创新政策演进规律的研究上，最大的亮点就是引入了定量的科学分析方法，如 Lepori 等（2007）从具体的创新政策出发，在对过去 30 年间 6 个欧洲国家（奥地利、意大利、法国、荷兰、挪威和瑞典）研究政策（主要是公共项目资助政策）的相似和差异进行实证测度的基础上，考察了这六个国家项目资助政策的演进规律；彭纪生等（2008b）在其研究中提出政策量化方法，对中国创新政策的演进规律及其内在原因进行了系统分析；肖久灵等（2009）还利用这种方法对江苏省技术政策演化的规律进行了研究。

在创新政策演进特点的研究上，呈现出各种研究视角和分析框架。Kuhlmann（2001）从发展创新政策的视角，研究回顾了欧洲创新政策的演进特点，并提出未来欧洲创新政策的治理前景；白景美等（2007）将日本技术创新政策的演进划分为四个时期，并分析了第二次世界大战后日本技术创新政策演进的特点；Freitas 和 von Tunzelmann（2008）根据其上述提出的三维创新政策分析框架，以20 世纪 80 年代早期至 2002 年英国和法国的 149 项政策规划为数据，按照四个时间段（1980~1988 年、1989~1994 年、1995~1998 年、1999~2003 年），对英、法两国创新政策的演进特点进行了比较分析；王霞等（2012）采用内容分析法，将定性信息定量化，研究了上海市 1998~2010 年出台的 192 条科技政策，研究发现上海市的科技创新政策呈现以平台性、优化性和导向性、激励性政策为主的特点。

此外，还有不少的研究也探讨创新政策的演进问题，如 Mustar 和 Larédo（2002）从批评以往研究的角度，研究回顾了法国的创新和研究政策的演进，认为传统的"科尔贝尔模型"（Colbertist model）不能体现法国创新的实际情况；刘凤朝和孙玉涛（2007）以《国家促进自主创新的政策分析与研究》报告梳理的 289 项创新政策为样本，以创新政策的效力与类别为基本维度，对 1980~2005 年的 289 项创新政策进行了分类，考察了我国自主创新政策的历史演进。

第二节　创新政策的绩效评估研究

经济环境和全球科技创新的变化，导致世界各国和地区的创新政策不断调整。为紧随创新变化步调，努力创建与变化了的创新始终协调一致的创新政策和制度环境，必须适时对创新政策绩效进行评估，这已成为各国和地区发展科技的重要共识。创新政策绩效评估是指遵循一定政策评估理论、原则和方法，对一个国家或地区的创新政策及其实施效果进行分析与评价，全面了解和把握创新政策的实施情况和产生的实际效果。创新政策绩效评估既是创新政策运行的重要一环，也是实施创新政策管理的有效手段，科学完善的创新政策绩效评估，能促进和加快创新政策体系的完善。

一、绩效与创新政策绩效内涵

"绩效"（performance）最早来源于经济学上的一个概念，主要以可计算的利润来表达。随着社会经济的发展，绩效的含义逐渐拓展，并扩散到多个学科领域，逐步取代了"效果""效率"等概念。关于什么是绩效，国外学者已做了较多的探讨，我国学术界也在关注这个问题，但目前为止无论是学术界还是实业界都没有形成统一性的定义。通过对绩效相关文献查阅发现，对绩效概念的界定主要存在三种不同的观点：一是把绩效同工作任务的落实、产出与结果完全等同起来，认为绩效是在特定时间内由特定的工作职能、行为活动产生的结果记录。二是认为绩效是一项活动过程，而不是活动的产出结果，是组织员工实实在在做的、跟组织目标息息关联的且能够观察到的各种行动或者行为。三是认为绩效应包括结果和行为两个方面（吴建南等，2005）。基于上述三种观点，本书则认为，绩效应该包括工作行为表现和工作结果两个方面，在公共部门中主要用于衡量政府履行社会经济管理职能的结果和效果。而对于政策绩效来说，主要是指政策预期目标的实现程度及其产生的各种效应。

创新政策绩效是政策绩效的重要内容，也被称为"创新政策效果""创新政策效益""创新政策效应"等。对创新政策绩效的理解主要存在两种不同的观点。一种是基于创新政策对创新的方向、速度与规模影响作用的视角，如Hultink和Robben（1995）认为，创新政策绩效主要体现在公司利润、计划层次、产品层次、财务状况和顾客接受度等方面；郭兵等（2012）认为，创新政策绩效不仅包括创新政策实施获得的预期效果，还包括政策实施降低的创新成本。另一种观点则是从地区经济发展和科技竞争力提升方面去认识和理解创新政策绩效，如Jones和Sakong（1980）认为，激励创新的产业政策绩效主要体现在对国家科技和经济发展的促进作用方面；Amsden（1989）在对日本创新政策评估的过程中，着重考察了创新政策对国家经济发挥的作用；蒋华林（2012）认为，科技政策绩效主要体现在科技实力和区域经济竞争力两个方面。本书则认为，创新政策绩效是指创新政策实施后取得的效果，包括政策产出与政策影响方面的效果，这种效果体现在对科技创新的方向、速度与规模的影响，以及对经济增长和社会发展的促进作用。

二、创新政策绩效的评估方法

目前，政策评估开始成为政策科学研究关注的焦点。Vedung（1997）根据政策评估标准，提出不同的政策评估模型（图2-3），大致可以分为效果模型、经济模型和专业模型，每种大类模型下又分为不同的子模型，该评估模式自从提出以后被广泛运用于政策评估理论研究和实践。创新政策绩效评估作为政策评估的重要内容，在国内外研究中普遍受到关注。从文献调研结果来看，关于创新政策的绩效评估方法大致可以分为四类，即侧重创新产出的评估方法、重视政策效应的评估方法、基于创新等级的评估方法和区分政策类型的评估方法。

第一，侧重创新产出的方法。Hultink和Robben（1995）通过对荷兰创新政策研究文献进行比较分析后发现，对创新产出的评估主要内容包括创新主体利润收入、政策方案本身、新产品开发与推广、财务情况以及社会公众接受程度。Werner和Souder（1997）比较分析美国与德国关于创新政策绩效研究成果发现，

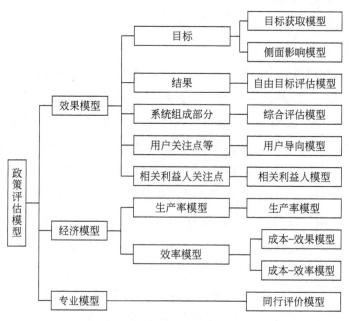

图 2-3　政策评估模型

资料来源：Vedung，1997

美国大多注重对创新实际产出的定量化评估，而德国却比较侧重于对创新投入方面的衡量，原因是创新投入在一定程度上能够有效地反映出创新研发的内在价值。中国学者刘海波（1998）研究提议，在当前的社会转型期，通过半官方的审议会方式来评估科技政策，这样不仅能够扩大政策评估参与的主体，还可以为协调相关利益矛盾和冲突起到一定的积极作用。Lemola（2002）对芬兰创新政策进行实证的研究后认为，高技术产业政策不能仅仅从宏观的角度来评估，应该更多地关注微观组织的创新实践活动，如技术引进、技术模仿以及技术创新。Akcakaya（2001）则构建了一个评估创新研发政策的有效性模型，该模型包括了定量评估和定性评估，其中，定量评估方面的信息资料主要从普通信息、产品开发、技术开发和技术销售等方面收集获取，而定性评估标准则涉及无形的产出结果、政策实施情况等方面。匡跃辉（2005）在科技政策评估的标准上提出效益、效率、效应和生产力等指标，同时在评估方法上提出同行评议、自我评定、对比分析、成本效益分析和抽样分析等方法。此外，綦良群等（2008）将政策执行之前、政策执行中和政策执行后的整个过程纳入评估范围，即按事前、事中、事后等三个评估阶段来进行评估。

第二，重视政策效应的评估方法。Gold（1989）从技术创新研发成果方面，通过对不同成果类型及其影响的比较分析，提出对不同创新成果的评估方法。Rosalie 和 Gretchen（2007）研究提出四个阶段的创新政策评估，主要包括研发计划制订、研发推进及产出、研发成果的扩散及中期效果、成果产业化以及知识溢出的效应，同时深入地比较分析这四个阶段应该采用的评估方法及其目的。中国学者陈向东和胡萍（2004）从创新思想产生激励和创新成果应用激励两个方面重点考察了技术创新政策效用的理论框架，并采用实证的研究方法分析了中国1985~2000 年的 151 项技术创新政策的实际效用。史铭鑫（2005）运用 CGE 模型对高技术产业政策的效果进行比较分析。此外，范柏乃和班鹏（2008）利用系统动力学的方法，对税率、折旧率、贴息率等财税政策对自主创新的激励效果进行 SD 模拟，建立了企业自主创新财税政策激励的 SD 模型。

第三，基于创新等级的方法。Brown 和 Gobeli（1992）以研发等级作为分析框架，提出创新政策产出的三层次框架，包括研发部门目标、研发项目管理以及研发活动与过程，每个层次又包含着不同的评估指标。Kerssensvan 和 Bilderbeek（1999）认为，创新政策绩效与创新成果的有效性息息相关，对创新成果的评估能够在一定程度上反映创新政策的实施绩效，对此将创新成果分为团队层面、单个项目层面、部门层面和公司层面等，并对不同层面的创新成果提出不同的评估方法。吕明洁和陈松（2011）则运用 DEA 方法，测算了中国各个省份高技术产业政策的实施绩效水平。

第四，区分政策类型的评估方法。Pappas 和 Remer（1985）通过比较分析有关定性、半定量和定量的创新政策评估指标指出，不同类型的创新政策其绩效评估应该运用不同的评估手段和方法。Hauser 和 Zettelmeyer（1997）将创新政策分为三个层面，一是基础研究方面的政策，二是技术创新能力提升方面的政策，三是创新成果市场和产业化方面的政策，并基于这三个层面的创新政策提出定性与定量相结合的评估方法。Wintjes 和 Nauwelarers（2007）根据不同类型的创新政策目标，构建了不同类型的创新政策评估模式，提出政策评估对优化创新政策具有重要的学习意义，同时对创新政策工具组合的作用进行了评估。中国学者江永真（2012）在对中国创新政策绩效评估研究的过程中，将创新政策绩效划分为创新供应政策绩效、创新需求政策绩效和创新环境政策绩效，并针对不同类型的政策构建了不同的测度指标体系。

此外，从评估方法的定性和定量角度来看，国外在定量评估研究上成果颇为丰富。而在国内，由于对政策绩效进行量化分析具有相当的难度，因此研究主要采用定性分析的方法对政策绩效进行评估（刘凤朝和孙玉涛，2007）。定性分析的特点是理论性强，不需要用到复杂的数学模型和统计知识，同时得出的结论具有一定的逻辑性，而过程也较为直观。通过系统的文献调研发现，目前经常采用的定性评估方法包括理论分析、对比分析、个案分析、专家访谈等方法（肖士恩等，2003）。蔡良群和舒春（2005）通过对高新技术产业政策评估的标准及其评估模式进行定性探讨，试图为高新技术产业政策评估提供一定的理论依据。胡志坚等（2007）采用实地调研和深度访谈的方法，对浙江区域创新体系以及科技中介服务体系的建设情况进行定性的分析和讨论。郭兵等（2012）将经典的扎根理论创造性地应用于调研问卷的文本分析过程中，通过依次进行开放性译码、主轴译码和选择性译码，从调研问卷文本中提取、获悉和延伸观点，进而对科技创新政策的实施效果进行了评估。然而，随着信息化的推进和普及，定量的政策评估技术和工具开始受到广大研究者的青睐。同时，为了提高政策绩效评估过程中的社会公众参与程度，各种政策绩效评估方法纷纷出现，政策绩效评估实践也逐渐从由评估专家运用归纳法和演绎法进行科学证明，发展为融合定量分析和定性分析、综合运用实证研究和规范研究、由专家和广大社会公众共同参与进行政策绩效评估，最大限度地回应社会的各种诉求，使得政策过程更加科学和民主（Ziman，2000）。随着政策绩效评估理论与工具的不断发展，在创新政策绩效评估研究过程中综合运用定性与定量的政策评估法也将会变得越来越多。

三、创新政策绩效的评估内容

通过系统的文献调研发现，目前学术界不仅对创新政策绩效内涵存在不同的理解，在创新政策绩效评估内容方面也有所区别，从对有关创新政策绩效的实证研究成果系统梳理来看，大多研究主要是通过考察 R&D 回报率和创新溢出效应来间接反映创新政策绩效。

在创新政策绩效评估研究中，R&D 回报率成为重点关注的内容。可以说，R&D 回报率是创新政策最为直接的产出，对创新政策绩效的研究也是从 R&D 回报率方面展开的。然而，对 R&D 回报率的研究，最早的方法是将 R&D 投入或者产出作为自变量来解释全要素增长率，进而得到 R&D 的实际回报率。Jones 和 Williams（1997）将 R&D 的估计系数看成是 R&D 活动对生产力发展的贡献，对从事 R&D 活动的相关行业进行实际评估，结果显示 R&D 的回报率达到30%。同时还发现，如果将运用 R&D 成果的行业纳入评估范畴，R&D 的回报率将高达100%。Link（1987）的研究发现，对于工业企业来说，政府对 R&D 投入的回报率明显高于对应用研究 R&D 投入的回报率，而且政府的 R&D 投入导致私人企业的 R&D 回报率大大下降。

另外，在创新政策绩效评估过程中，创新溢出效应往往是广受关注的焦点。其实，在一定程度上创新溢出效应可以看做是创新政策的间接性产出。创新溢出效应不但是创新过程中产生的附带成果，还是政府推行创新政策的重要目的所在。Mansfield 等（1981）研究发现，新产品的模仿成本仅是自主研发成本的65%。对此，Mansfield（1985）对美国百余家高新技术企业进行研究，结果发现50% 以上的企业认为同行业的竞争者能够在 18 个月内获知他们的创新研发计划，研发出来的新产品技术在 12 个月内会被泄露出去，而关于新产品评估的扩散滞后时间高达 15 个月。Fölster（1995）对瑞典企业的 R&D 研究结果表明，创新技术的专利是非常难以保护的，同时作为创新主体和专利拥有者的企业来说，控制住溢出效应显得更难。

四、创新政策绩效评估典型实践

在现代技术竞争条件下，作为创新资源重要分配途径的创新政策的影响力逐渐增强，与此相关联，创新政策绩效评估的重要性也日益突出。20 世纪 90 年代以来，随着各国政府改革的推进和技术竞争意识的提高，创新政策绩效评估受到越来越多国家的重视，一些国际研究机构与发达国家和地区相继开展了此项工作。

第一，经济合作与发展组织创新政策绩效评估。OECD 研究证实创新政策对推动创新起着重要作用，因此十分重视对国家创新政策及其绩效的评估。OECD 把创新政策评估的主要目标集中在以下几个方面：对某个国家或地区的创新绩效的评价、对该国或地区创新政策与经济绩效及社会目标之间的关系的评价以及创新政策是否与特定的经济和制度环境相适应的评价。评估内容涵盖了以下几点：首先，从企业内部来看，包括开发并普及新产品新技术的能力、创新政策的优化、研发的全球化、服务创新等；其次，从企业与外界的联系而言，强调企业之间的合作，尤其是中小企业和以新技术为基础的企业的培育、产业界和科技界的联系、公共机构和私营企业之间的合作关系。而评估方法则主要采用的是 SWOT 法和情景分析法等，主要分析内容如表 2-2 所示。

表 2-2　OECD 创新政策绩效评估的内容

评估维度	评估内容
优势（strengths）	在现有创新绩效基础上能实现什么样的目标？需要哪些资源？会产生哪些实质性回报？
劣势（weaknesses）	经过消除和规避现有的创新绩效弱点，能够得到什么？所得效益是否大于成本和其他投入？
机遇（opportunities）	未来科技发展能提供什么样的机会？这些机会是否能够以成本有效的方式得到利用？
挑战（threats）	国内生产总值在多大程度上将受到全球科技发展和经济、社会变化的影响？抵制这些风险和威胁的潜在成本和效益如何？

注：根据 OECD 于 2005 年提出的 *Innovation Policy and Performance* 内容整理

在对各国创新政策的比较分析中，OECD 十分注重分析样本的多样性，即不同类型国家的选择。根据投入产出情况，OECD 将所选取的样本国家分为四类：高投入低产出、高投入高产出、创新和经济效益超过预期投入以及本身已拥有较高经济和创新效益但对未来创新和经济效益仍然非常关注的国家①。

在评估的过程中，OECD 也十分重视国情分析，关注创新政策与国情的适应性、政府的作用和角色转变等。例如，在评估奥地利创新绩效的报告中，OECD 针对其创新活动增加但生产率却持续下降的情况，指出单纯追求研发投入的数字目标会造成鼓励无效投入的风险，因此给奥地利提出几点建议：通过加强产学研合作以保证创新成果的运用、鼓励大学之间进行竞争以提高其研究质量、加强通用技术的开发以保证创新投入的有效性等。

第二，欧盟的创新政策绩效评估。无论是创新政策制定还是政策评估，欧盟都形成了比较完善的体系，"欧洲创新趋势图""欧洲创新记分卡""欧盟框架计划评估"都是其体系的重要创举。

2000 年，欧盟在创新政策上提出欧洲创新趋势图，规定该欧洲创新趋势图为欧洲评估创新政策的重要工具，每年对欧盟各国、美国以及日本等国家的创新政策与创新环境进行评估，并发布评估报告。在 2007 年的评估报告中，评估涵盖了欧盟各国、美国、日本、巴西、加拿大、印度以及中国等国家和地区。

欧洲创新趋势图发布的同时，欧洲创新记分牌（European innovation scoreboard，EIS）也随之出现。欧洲创新记分牌主要着眼于对整体的创新能力和创新绩效水平的评估，有着严格详细的评估步骤，主要包括基本模块组成的确认、模块间的相互关系、指标的中间列表、指标的最终列表、填补数据、规范化技术的确认、额外方案的确认、趋势分析、创新指标评估、创新指标结论等。自 2000 年欧洲创新记分牌发布以来，对欧洲各国的创新政策颁布实施及评估工作产生了重要的影响。

欧盟框架计划评估的主要目的在于激发欧盟创新活力，推动欧盟研发活动发展，已成为欧盟关于评估研发政策和创新政策的典型代表。欧盟框架计划评估的内容主要包括四个方面，即创新项目计划书的形式、创新计划的具体项目可行性、针对创新计划的某一领域和项目的评估、创新项目计划书的整体性情况。

欧盟创新政策绩效评估主要关注的内容包括基础设施、科技实力、网络化、

---

① 这里的"投入"指的是该国的资金和人力资源的投入，而"产出"则主要指该国产生的经济效益。

人力资本的发展、就业和政府管理与战略等，评估目的在于通过评估确立下一步的创新战略或提出创新政策建议（汪凌勇和杨超，2010）。

第三，韩国科技计划绩效评估。韩国作为一个发展中国家，在执行科技立国政策的同时，非常注重科技计划的管理，并形成了独具特色的科技计划评估模式（图2-4），其科技计划评估体系主要分为两个层次：一是计划预算前审核，属于事前和事中评估；二是计划绩效评估，属于事后评估（谈毅和全允桓，2004）。

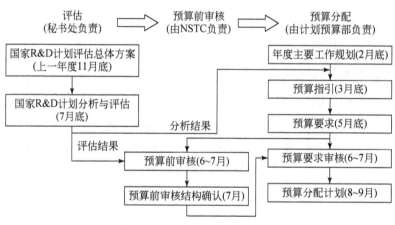

图2-4　韩国科技计划评价体系

资料来源：谈毅和全允桓，2004

对新计划和正在进行中的计划目标、范围和预期绩效进行评估是预算前审核的主要目的，由此决定是否要给予财政支持。预算前审核包括七大基本评估原则：第一，政府支持的适当性；第二，是否体现了国家中长期科技规划；第三，计划目标和范围的适当性；第四，计划预算的合理性；第五，计划目标实现的可能性；第六，计划的预期效应和贡献；第七，计划管理部门的能力。

除了预算前审核外，为了证明政府科技计划的合理性，韩国政府近年来也开始探索更为有效的新公共管理模式。通过定性和定量相结合的方法，分析计划的社会经济影响，运用科学的研究程序来研究、评估和改进科技计划的各个方面，并与科技决策与预算分配形成反馈和联系机制。计划目标的适当性，以及实施的效率、绩效和结果是计划绩效衡量的基本准则。

从韩国科技计划绩效评估的实践来看，还存在许多问题，主要包括：首先，诸多标准难以严格界定，如由于研究周期较长，难以度量研究产出及其影响，难以准确界定新技术价值，难以根据计划多重目标界定"成功"标准；其次，评估的各个环节难以保证达到理想水平，包括缺少好的评价模型、工具和数据，缺乏评价专家，评价过程存在短视问题，事前、事中和事后评价之间联系不紧密等；最后，存在一些人为不可控因素，如难以追踪技术扩散、难以根据复杂因素分配利益。

无论是在创新政策绩效评估方法的探究上，还是在创新政策绩效评估的实践上，国外的研究都远远比国内深入和丰富，且近年来呈现逐步增多和扩大的趋势。国外有关创新政策绩效评估的研究涵盖宏观、产业、区域和企业等层面，采用了宏观计量、微观计量、仿真、访谈等研究方法。相对而言，国内研究主要集中于评估原则、步骤、框架、经验借鉴、科技评价体系等方面，对政策评估工具、方法等问题的研究不多，对国外创新政策绩效评估前沿的跟踪也不够。

第三节　创新政策绩效的影响因素研究

从政策过程来看，对创新政策绩效的影响主要体现在两个方面，一是政策制定对创新政策绩效的影响，另一个则是政策执行对创新政策绩效的影响，本节将着重从这两方面对以往相关研究展开综述。

一、政策制定对创新政策绩效的影响研究

创新政策制定是创新政策过程的首要的阶段，根据陈振明（2002）提出的政策制定阶段理论，创新政策的制定大致需要经历三个阶段，分别是创新政策议程、创新政策方案规划和创新政策合法化，目前国内外对创新政策制定的相关研究也就主要集中在这三个方面。创新政策议程实际上也就是政府或决策机构确定创新政策问题的轻重缓急。议程设置既是政策制定的源头，也是整个公共政策系

统的初始阶段，它的设置模式直接关系到政策制定过程和政策目标的实现、政策过程的运行（张凤合，2006）。1976年，美国学者罗杰·科布根据政策问题的提出者在议程中的不同作用以及扩散其影响力的范围、方向和程序，把政策议程的设置模型划分为三种类型，即外在提出模型、动员模型和内在提出模型。中国学者袁志彬（2011）在借鉴王绍光（2006）研究成果的基础上，根据公共政策议程中提出者的身份与社会公众的参与度将科技政策的议程设置模式划分为六类，即关门模式、动员模式、内参模式、借力模式、上书模式和外压模式等。而有关政策方案规划的内涵则有着较多的阐释，如安德森（1990）认为，政策方案规划涉及与解决公共问题有关的并能被接受的各种行动方案的提出；张金马（1992）认为，政策方案规划是为了某一问题能够得到有效的解决而提出的各种方案或者计划，促进政策制定出台的过程；陈振明（2002）认为，政策方案规划则是着眼于解决某种问题而提出相应的有效解决办法或方案的活动过程，主要包括界定政策问题、确定政策目标、设计政策方案、预测政策后果以及对政策方案抉择等。在关于政策方案规划的基本原则上，陈振明（2002）则进一步提出，在政策方案规划的过程中，应该严格遵循信息完备性原则、系统协调性原则、科学预测性原则、现实可行性原则、民主参与性原则以及稳定可调性原则等。在创新政策方案规划方面，李侠等（2002）认为，要重视舆论在科技政策制定过程中的影响，这种影响是复杂的，既有直接的影响，又有间接的渗透；同时，由于社会发展水平的不同，舆论对科技政策方案规划制定的影响方式也是不同的。在政策的合法化问题上，戴伊（2008）将政策合法化分解为三个功能活动，即选择一项政策建议、为这项建议建立政治上的支持、把它作为一项法规加以颁布；刘海波（1998）则认为，要提高科技政策合法水平，就应该让尽可能多的人对科技和科技政策表达自己的意见和参与决策过程。

由于创新政策制定具有阶段性、复杂性，因此其对创新政策绩效的影响是多方面的。尽管学术界在创新政策制定对政策绩效影响方面的直接探讨不多，但是我们可以从公共政策制定对公共政策绩效影响的相关研究中了解和把握创新政策制定对政策绩效影响及其影响机理。通过文献调研发现，公共政策制定对公共政策绩效的影响体现在以下几个方面：一是政策制定程序对政策绩效的影响。李大治和王二平（2007）根据程序公正理论提出公共政策制定程序与公众对政策的可接受性的关系问题，通过访谈法和实验法，研究证明了制定政策时了解公众态度可增强政策的针对性，提高解决问题措施的成效和可接受性。二是政策制定主体对政策绩效的影响。邱汉中（2002）在研究中提出了公共政策制定质量的概念，即公共政策的民主化、科学化和法制化，认为政策制定是一项综合性很强的高智力工作，对政策制定者有很高的要求，其素质和水平往往是影响公共政策绩效和成败的关键因素。徐小龙（2008）认为，理想的科技政策应该是以全体公众、科技共同体及整个社会的共同利益为目标并在完全信息的基础上制定和实施。杨斌（2010）认为，科技政策制定主体的科学技术及其功能认知水平对科技政策的制定质量以及实施效果会产生一定的影响。三是政策制定的价值取向对政策绩效的影响。在公共政策的制定过程中，贯穿始终的一条主线就是其价值问题。李杨（2008）认为，中国公共政策制定中对公平价值取向的偏离，是影响公共政策实施效果的重要原因。李侠和蒋美仕（2006）通过探讨科技政策的精英制定模式发现，由于存在无法克服的伦理缺失问题，导致科技政策经常出现低效率甚至失灵的现象。

目前，创新政策制定的质量问题开始引起学术界关注。政策质量是政治文明的重要标志，对政策质量的衡量有不同的看法和标准。刘进才（1999）认为，"三个有利于"是衡量政策质量的基本标准，用"三个有利于"标准来衡量我国改革开放以来所制定的政策，可以说是高质量的，体现为具有稳定性、可靠性、科学性、有效性和惠民性等重要特征。Graversen 和 Siune（2008）对 OECD 等提出的具体政策进行了研究，指出政策质量可以从政策相关性（relevance）、政策准确性（accuracy）、政策时效性（timeliness and punctuality）、政策可得性与透明度（accessibility and clarity）、政策可比性（comparability）、政策协同性（coherence）六个方面来进行评价。Scartascini 等（2013）则指出政策质量特征包括稳定性、适应性、协调性和连续性等方面。李侠和苏金英（2008）指出构建政策质量测度体系是一项复杂的工作，并对中国科技政策质量测度体系建设问题进行讨论。刘海波和靳宗振（2011）提出科技政策质量的五条标准，分别为有效性、效率性、统合性、时限性和发展性。苏金英和李侠（2009）则提出科技政策

　　自主创新政策的供给演进、绩效测量及优化路径研究

质量偏差的四种表现形式，即政策冬眠、政策失灵、政策阴影和政策黑洞。总的来看，目前对创新政策质量甚至对公共政策质量的研究都不够系统和深入，研究方法单一，大多是思辨性的研究，缺乏经验研究支撑。

二、政策执行对创新政策绩效的影响研究

创新政策方案一旦经过合法化程序向社会公众公布以后，便进入创新政策的执行过程阶段。政策执行是政策执行主体为了实现公共政策目标，通过各种措施和手段作用于政策对象，使政策内容变为现实的行动过程（宁骚，2003）。因此，创新政策的执行是指在创新政策制定结束以后，将创新政策中规定的各项内容变为现实的过程，是为实现创新政策的目标而对政策进行管理和监控的动态过程。美国学者艾得森曾指出，"在达到政府目标的过程中，方案确定的功能只占10%，而其余90%取决于有效的执行"（王福生，1991）。政策执行是实现政策目标的中心环节，是检验政策质量的重要标准，是后继政策制定的重要依据（吕学新和杨芳，2007）。从系统的文献调研和梳理来看，不少学者研究发现，创新政策执行主体对创新政策绩效会产生一定的影响。周丁等（2006）研究发现，满足政策执行主体在组织和制度建设方面的需求，能够实现创新政策的效果和效率。叶胡等（2012）研究指出，当前科技政策绩效研究关注的重点普遍是政策的制定主体，而忽视了政策执行主体在提高中国科技政策绩效中发挥的作用。

从以往相关研究来看，创新政策执行是创新政策过程中重要的一环已形成共识。同时，创新政策执行对政策绩效的影响已经具有一定的理论基础，但是仍缺乏实证研究论证，特别是创新政策执行力对政策绩效影响及影响机理的问题缺乏系统、深入的相关研究探讨。此外，政策质量与政策执行力密切相关，政策制定是政策运行过程中的首要环节，而确保制定的政策的质量则是政策执行的必要前提和重要基础（杨妮娜，2011）。可是，目前为止有关政策质量和执行力对政策绩效影响的研究较为罕见，针对创新政策质量和执行力对政策绩效影响及影响机理的研究仍是学术空白。

第四节　创新政策工具选择与优化策略研究

创新政策作为政府推动创新活动的重要手段和工具，它不是简单一项或几项政策和措施，而是一个综合的政策体系，包括激励创新的不同类别的政策工具，是一个国家或地区为了推进科技研发、技术创新而采取的一系列政策与措施的总和。创新机构对创新政策工具的有效选择，能够降低创新风险的不确定性。而对创新政策的科学合理优化，有助于防止不同类别政策工具之间发生冲突，以免不同政策作用效果的相互抵消。因此，对创新政策的研究，创新政策工具的选择及优化是一个不可回避的研究问题。

一、创新政策工具的选择研究

提高自主创新能力，建设创新型国家，离不开政府的各种作为与干预。政府为鼓励创新机构（如企业、科研院所、高校、创新服务机构等）推动创新活动，不断降低创新机构在创新活动中的技术风险和市场风险，往往会采取一些必要的政策支持和措施手段。一般认为，政府用于推动创新机构进行创新活动的各种政策措施手段，被称之为创新政策工具。

截至目前，有关创新政策工具的分类仍存在较大分歧。例如，胡明勇和周寄中（2001）将政府资助技术创新的政策工具分为公共研究、直接资助和税收优惠。徐大可和陈劲（2004）在分析创新政策的理念和知识基础上，从社会科学理论、政府学习和政策实践反馈三者之间的互动关系，提出我国创新政策设计的基本概念性框架和模型，将核心的政策内容划分为三大类：直接作用于创新主体的政策、促进创新主体互动的政策和作用于创新环境的政策。赵筱媛和苏竣（2007）将公共科技政策工具分为三个结构层次，分别为战略层（科技计划、科技规划等）、综合层（大学科技园、中小企业创新基金、科技中介等）、基础层（税收优惠、教育培训、科技投入、知识产权、公共技术采购等）。仲为国等（2009）则把技术创新政策工具划分为金融外汇措施、财政税收措施、其他经济措施、行政措施、人事措施等。

尽管对创新政策工具类型划分存在分歧，但并不影响学术界对创新政策工具选择问题的研究，目前为止已涌现出一些有影响的研究成果，其中最具代表性的是 Rothwell 和 Zegveld 的研究。Rothwell 和 Zegveld（1985）认为，由于政府促进创新的政策变化是多样的，因此对创新政策工具的选择搭配也应该是多样化的。根据各国特有的实际情况，Rothwell 和 Zegveld（1985）把已有的创新政策归纳出 20 种不同的创新政策工具。从创新实践来看，成功的创新主要取决于技术的有效供给和旺盛的市场需求，在供给方面，技术研发和新产品开发有一定的投入，特别是技术人才、研发经费和相关信息；在需求方面，不仅需要有一定的国内市场需求，还需要有广阔的国外市场需求，而政府的重要作用就是创造和开拓越来越多的技术创新成果需求市场。除此以外，政府也可以试图通过改善社会环境、经济环境和制度环境来推动创新活动。据此，Rothwell 和 Zegveld（1985）把创新政策划分为以下三类：第一，技术创新成果供给层面的政策，包括提供财政金融、科技人才和技术支撑，以建立科学技术的基础设施等；第二，技术创新产品需求层面的政策，包括政府购买、合同以及对创新产品、过程和服务的需求等；第三，技术创新的制度环境层面政策，包括税收政策、专利政策、政府管制等。上述三类政策及 20 种政策工具对整个技术创新过程的作用如图 2-5 所示，该图将技术创新活动与创新政策联系起来，清晰地表征了创新政策对技术创新活动的作用过程和作用机理。

创新政策工具的选择，必须权衡社会效益与经济收益，由于不同的政策之间具有重复性，在创新政策工具的选择中也要注意各类政策的协调配合，以防出现不同政策作用效果的抵消。张韵君（2012）在政府如何正确选择和科学设计中小企业技术创新政策工具的问题上研究认为，适当降低环境型政策工具的使用频率，有效加大其他相关政策工具的实施力度；重视需求型政策工具的拉动力和带动作用；重视政策工具在中小企业技术创新全过程和全方位的运用。闻媛（2009）通过对不同的技术创新政策及其工具手段进行研究的基础上，认为企业发展在不同的发展阶段应该选择不同的创新政策工具：在种子期，选择无偿拨款、风险投资和进出口税收优惠；在创业期，选择风险投资、政府购买、政策性

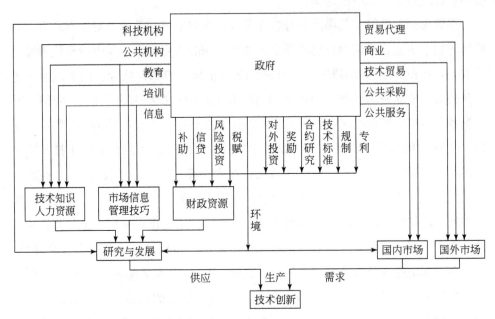

图 2-5　创新政策与技术创新活动的对应关系

资料来源：Rothwell and Zegveld，1985

贷款和进出口税收优惠；在成长期，选择风险投资、政府购买、税收优惠、政策性贷款、出口信贷和保险；在成熟期，选择税收优惠、二板市场、出口信贷和保险（表2-3）。

表 2-3　企业不同的发展阶段中创新政策工具选择

阶段	无偿拨款	风险投资	政府购买	税收优惠	政策性贷款	二板市场	进出口税收优惠	出口信贷和保险
种子期	*	*					*	
创业期		*	*		*		*	
成长期		*	*	*	*			*
成熟期				*		*		*

资料来源：闻媛，2009

　自主创新政策的供给演进、绩效测量及优化路径研究

二、创新政策的优化策略研究

创新政策系统内部关系复杂，有横向关系、纵向关系，不同部门之间的关系，政策之间的协调配合（孟鑫和司晓悦，2007）。形成一个优化的创新政策系统，必须考虑不同类别政策的协调、不同区域需求的协调及这些政策制定与执行的不同部门之间相互配合，达到结构的优化。

在不同类别的创新政策协调研究上，Kim（1997）、Steil 等（2002）、Forbes 和 Wield（2002）的研究涉及创新政策工具选择的协调问题；柳卸林等（2007）在分析我国激励自主创新的金融、财政税收政策时，也强调不同政策的协调一致、有机配合。孟鑫和司晓悦（2007）认为，要实现创新政策的结构优化、资源配置合理和政策效力最大化，就应该建立创新配套政策系统优化整合机制，包括市场导向机制、统筹协调机制、系统开放机制，同时还应制定优化整合的元政策、完善和丰富创新政策体系、充分发挥市场配置资源基础作用与加强国家宏观调控相结合、整合创新配套政策系统的内部关系、整合各种有关创新配套政策资源要素等。然而，隋永强等（2003）在针对区域创新配套政策与国家宏观创新政策的协调性问题上指出，一方面，区域创新配套政策的基本原则和精神应该要保持与国家宏观创新政策一致；另一方面，要有效处理区域创新配套政策实施过程中跟国家宏观创新政策的协调、协作；此外，要最大限度地发挥区域创新配套政策的有效适用性、可操作性和有益的补充性。

创新政策的优化除了不同政策类别的协调以外，还应该考虑区域差异问题。有效的创新政策需要结合该区域现有的资源并嵌入本地化的行动（赵林海，2012），照搬通过对某个参照基准的研究所得来的最佳实践是注定要失败的，这已经被旨在模仿硅谷等成功范例的区域政策实践所证明（Boschma，2004）。在一个区域行之有效的所谓最佳政策是很难适应另一个区域实际情况的，并且难以被理解和执行（Howells，2005）。因此，赵林海（2012）提出，应把一个区域的历史作为基本出发点，据此确定相应区域的创新潜力和瓶颈，实施差异化的创新政策，既不应该采用选择特定区域或产业部门作为优先支持目标的"挑出赢家"的政策模式，也不应该采取照搬最佳政策实践的所谓普遍适用的政策模式。

此外，创新政策的优化也离不开政府各个部门的相互配合。陈向东和胡萍（2004）研究发现，我国创新政策整体发展正在从个体创新激励为主转向机制创新激励，同时创新政策受到多个关键政府部门的关注。这一研究结论表明我国创新政策涉及众多政府职能部门，而推动创新政策的有效实施离不开多个政府职能部门密切合作和协调促进。然而，彭纪生等（2008b）的研究则揭示，政府不同部门在技术创新目标取向上的政策协同，对于经济与技术绩效产生着重要的影响。

目前，创新政策优化问题不论在实践还是在学术上，都属于一个较新的研究领域。但通过系统的文献调研发现，以往研究往往只是针对于某一部分开展的，其在完善性和系统性上还有很大的提升空间，很难对创新政策的系统进行全面的解析。这也在一定程度上反映了目前的研究视野还需拓展，仍停留在某类创新政策的优化上，忽略了政策系统整体结构的优化和政策之间的互动网络关系，以及政策的实际需求。然而，创新政策的协调需要考虑创新机构的实际需要，只有全面了解和把握创新机构对创新政策的需求类别、需求内容、需求强度、需求时间和需求的优先次序，方能防止不同类别政策工具作用效果的相互抵消。

第五节　对现有研究的评述

国内外学者在创新政策的内涵、创新政策的演进、创新政策的绩效评估、创新政策绩效的影响因素、创新政策工具选择与优化策略等领域做了大量的研究工作，取得一系列富有理论与实践意义的成果。随着科技的发展，科技创新在社会经济发展中的地位和作用日益凸显，创新政策越来越多地受到更多国家和地区的重视和青睐。然而，目前在创新政策的绩效评估、政策质量测量、政策绩效的影响因素及影响机理、政策优化等问题的研究上仍然较为薄弱，很难满足世界各国和地区进一步推动科技创新发展的理论需求和现实需要。

一、创新政策绩效评估的研究有待进一步深化

政策绩效作为政策运行的实际表现和结果，是评价政策实施效果的重要内容。然而，目前对创新政策绩效评估具有"事实化"和"思辨性"的倾向。从我国创新政策绩效评估相关研究来看，总体上研究力度甚为薄弱，研究成果相对较少，以往的大量研究不是用已有的经济统计数据来考察创新政策绩效，就是对创新政策绩效进行泛泛的定性判断，很难从实质上把握创新政策的实际绩效水平。然而，利用实证调查研究方法对创新政策绩效进行测量的研究甚为罕见，而本书将弥补"事实化"和"思辨性"研究的不足。

二、创新政策质量测量的研究有待进一步深化

创新政策制定是创新政策运行过程中的首要环节，而确保制定的创新政策的质量则是创新政策执行的必要前提和重要基础。同时，政策质量是衡量政策效率和政策价值合法性的重要标准，政策质量的高低在一定程度上决定了政策的实际运行效果。然而，目前对创新政策质量的研究仍然停留在定性的泛泛而谈，创新政策质量的内涵与结构要素的界定尚未达成共识，对创新政策质量的测量研究甚至非常罕见。

三、创新政策绩效的影响因素及影响机理有待进一步深化

创新政策绩效可以看成是创新政策实施后产生的各种成绩和效果，是政策过程中对政策进行评估的重要内容。然而，影响创新政策绩效的因素是多方面的，在以往研究中，缺乏从政策过程的视角来讨论创新政策绩效的影响因素及影响机理，特别是研究创新政策质量与执行力对政策绩效的作用机理问题甚为罕见，弄清楚这个问题对于全面优化自主创新政策具有重要的理论价值和现实意义。

四、创新政策优化路径研究有待进一步深化

创新政策优化是一项复杂的系统工程，包括创新政策的各个阶段过程，每个

阶段过程只要出现缺陷与不足，都会影响到创新政策作用的有效发挥。目前，对我国自主创新政策的优化研究不少，但是从政策过程，特别是从自主创新政策的制定、执行、评估和终结角度进行系统化的深入研究很少，迫切需要对此展开更进一步的探讨和分析。

第三章　自主创新政策供给演进：
一种三维量化分析视角

在推进自主创新活动的过程中，必然伴随着自主创新政策的演进。只有自主创新政策不断供给，自主创新活动才会更为活跃和强烈。政府推进自主创新的过程，其实质就是自主创新政策供给演进的过程。改革开放以来，我国制定实施了一系列激励自主创新的政策，本章将从政策量化分析的视角，着重考察这些政策的供给演进，包括自主创新政策的供给特征和演进历程，为进一步全面探究和把握我国自主创新政策实施绩效奠定基础。

第一节　自主创新政策量化的三维分析框架

在系统的文献调研基础上发现，自主创新的内涵有狭义和广义之分。狭义上的自主创新是属于科学技术创新的重要内容（陈劲，1994；柳卸林，1997；胡卫，2008），一般来说主要包括原始创新、集成创新、引进消化吸收再创新等三种类型；而广义上的自主创新不单纯属于科学技术的创新，还包括在市场经济活动中产生的经济效益和社会效益的各个方面，是一个经济过程和市场实现产生效应的过程（范柏乃等，2012）。从我国推进自主创新的实践来看，自主创新是一个动态的活动过程，是由技术研发、拥有知识产权、技术产品化、进入市场销售、品牌效应形成等一系列过程环节构成。自主创新活动不同于一般的市场经济活动，其产品具有公共性、外部性、风险性、不确定性等特点，因此需要政府政策的介入。同时，市场经济本身存在外部性、信息不对称等缺陷，也需要政府介入自主创新。

自主创新政策作为政府推动自主创新活动的重要手段和工具，它不是简单一项或几项政策和措施，而是一个综合的政策体系，涉及科技投入、税收激励、金融支持、政府采购、引进消化吸收再创新、创造和保护知识产权、人才队伍、教育和科普、科技创新基地和平台、加强统筹协调等方面，是政府为了推进科技研发、技术创新而采取的一系列政策措施和手段的总和。可以看出，自主创新政策是创新政策最为重要的组成部分，其核心应该是技术创新政策或科技创新政策（Freitas and von Tunzelmann，2008）。自主创新政策的实际意义，在于政府通过借助政策的调控杠杆作用来影响技术创新的内部诱因和改善技术创新的外部环境，以最终影响自主创新主体的技术创新行为以及技术创新产品的供给与需求，进而促进自主创新能力的提升。

对自主创新政策供给演进的研究，不仅能够把握自主创新政策的演进规律和供给特征，还可以探寻自主创新政策供给与演进的动力因素与障碍因素（范柏乃等，2013）。在相关研究中，大多关注对自主创新政策内容及其效应的定性分析（Rametsteiner and Weiss，2006），部分量化研究主要是通过统计资料指标对政策进行评估（Yavakova，2006；范柏乃等，2013）。近年来，随着信息技术和研究方法的演进，国内开始出现了一些相关政策量化分析研究（彭纪生等，2008a；赵筱媛和苏竣，2007；盛亚和孔莎莎，2011），逐步拉开了政策量化分析研究的序幕。本书充分借鉴彭纪生等（2008）、盛亚和孙津（2013）等研究成果，结合

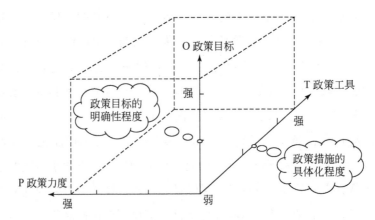

图 3-1　自主创新政策量化的三维分析框架

　自主创新政策的供给演进、绩效测量及优化路径研究

政策的基本构成要素，从政策工具、政策目标和政策力度等维度，构建自主创新政策量化的"T-O-P"三维分析框架（图 3-1）。

一、T 维度：政策工具

自主创新政策工具是自主创新政策体系的基本要素，是实现既定政策目标的重要手段和措施。自主创新政策就是政府为加快提升自主创新能力对各种创新政策工具的设计、组织、协调及运用，其分析框架也最终表现为自主创新政策工具的协同。政策工具包括不同的表现形式，如自主创新计划、企业创新基金、激励自主创新的税收优惠政策等，由不同的层次和结构要素组成，各个层次和结构要素之间存在着内在的关联性（图 3-2）。在自主创新政策工具的结构层次中，从政策工具的数据和利用率来看，微观层面的政策工具数量多且利用率相对较高，是自主创新政策工具的基本要素，包括科技投入、税收激励、知识产权保护、政府采购、人才队伍建设等方面；中观层面的自主创新政策工具是一个综合性的政策工具，是微观层面政策工具的搭配和组合，是宏观层面政策工具的细化和具体化，包含创新中介机构、科技创新园区、企业创新基金等；宏观层面的自主创新政策工具是国家对长远未来创新体系建设的谋划，具有较强的前瞻性和指导意义，如科技创新计划、科技创新规划等。认识和理清自主创新政策工具结构层次是深入了解和把握自主创新政策体系特征的基础，也是对自主创新政策进行量化分析的逻辑起点。

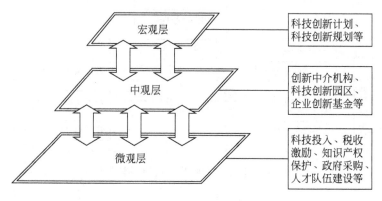

图 3-2　自主创新政策工具的结构层次

本书将重点从微观层面的自主创新政策工具着手，将其细化为基本的政策工具，即自主创新政策量化分析框架的 T 维度。在将微观层面的自主创新政策工具简化为基本政策措施的过程中，本书采用 Rothwell 和 Zegveld（1981）对创新政策工具的分类方法，将自主创新政策工具划分为供给型、环境型和需求型三类。同时，借鉴赵筱媛和苏竣（2007）对这三类政策的划分特点，并借鉴彭纪生等（2008a）、盛亚和孔莎莎（2011）等研究对政策措施的划分思想，结合 2006 年 2 月国务院为了鼓励企业自主创新颁布的《国家中长期科学和技术发展规划纲要配套政策》的内容，将供给型政策工具划分为人才队伍建设措施、基础设施建设措施、科技公共服务措施；环境型政策工具划分为财税金融支持措施、知识产权保护措施、法规管制措施等；需求型政策工具划分为政府采购措施、对外贸易措施、技术合作措施等（图 3-3）。因此，对自主创新政策工具的量化，最终转化为对供给型、环境型和需求型三类政策工具的量化，即对人才队伍建设措施、基础设施建设措施、科技公共服务措施、财税金融支持措施、知识产权保护措施、法规管制措施、政府采购措施、对外贸易措施、技术合作措施等 9 项政策措施的具体化程度计分，具体的量化标准如表 3-1 所示。其中，如果某项政策没有涉及这些措施，则不计分。

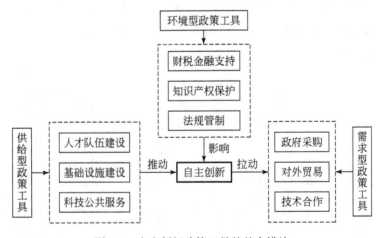

图 3-3 自主创新政策工具的基本措施

表 3-1 政策工具量化标准

类型	措施	评判内容	赋分
供给型	人才队伍建设	提出人才培养、人才引进、人才管理等有关人才队伍建设的具体化详细措施	3
		提出人才培养、人才引进、人才管理等有关人才队伍建设措施，内容抽象、模糊	2
		仅提及人才培养、人才引进、人才管理等有关人才队伍建设，无措施内容	1
	基础设施建设	提出科技基础设施、实验室体系、工程中心、企业技术中心等有关自主创新基础设施建设的具体化详细措施	3
		提出科技基础设施、实验室体系、工程中心、企业技术中心等有关自主创新基础设施建设的措施，但措施内容抽象、模糊	2
		仅提及科技基础设施、实验室体系、工程中心、企业技术中心等有关自主创新基础设施建设，无措施内容	1
	科技公共服务	提出科普教育、技术咨询、技术培训、统筹协调等科技服务的具体化详细措施	3
		提出科普教育、技术咨询、技术培训、统筹协调等有关科技服务措施，但措施内容抽象、模糊	2
		仅提及科普教育、技术咨询、技术培训、统筹协调等有关科技服务，无措施内容	1
环境型	财税金融支持	提出科技投入、财政激励、金融支持等有关财税金融方面支持的具体支持性措施	3
		提出科技投入、财政激励、金融支持等有关财税金融方面支持，但措施不具体	2
		仅提及科技投入、财政激励、金融支持等有关财税金融方面支持，无措施内容	1

类型	措施	评判内容	赋分
环境型	知识产权保护	提出创造和保护知识产权方面的具体化详细措施	3
		提出创造和保护知识产权方面的措施，但措施内容抽象、模糊	2
		仅提及创造和保护知识产权，无措施内容	1
	法规管制	提出创新环境规范、创新机制体制建设等有关方面的具体化详细措施	3
		提出创新环境规范、创新机制体制建设等有关措施，但措施内容抽象、模糊	2
		仅提及有关创新环境规范、创新机制体制建设等，无措施内容	1
需求型	政府采购	提出政府采购倾向自主创新产品方面的具体化详细措施	3
		提出政府采购倾向自主创新产品方面的措施，但措施内容抽象、模糊	2
		仅提及政府采购倾向自主创新产品方面，无措施内容	1
	对外贸易	提出与自主创新有关的 FDI、进出口贸易等方面的具体化详细措施	3
		提出与自主创新有关的 FDI、进出口贸易等方面的措施，但措施内容抽象、模糊	2
		仅提及与自主创新有关的 FDI、进出口贸易等，无措施内容	1
	技术合作	提出技术引进、技术外包、技术合作等有关方面的具体化详细措施	3
		提出技术引进、技术外包、技术合作等有关方面的措施，但措施内容抽象、模糊	2
		仅提及有关技术引进、技术外包、技术合作等，无措施内容	1

二、O 维度：政策目标

政策目标是政策制定者希望通过政策实施所达到的最后结果（严强，2008），具有针对性和预期性特点。政策目标一旦被确定，其语言表述必须明确、具体、清晰，内涵与外延界定要清楚，不能出现任何歧义，同时政策目标还应该是可衡量和可量化的（苏靖，2012）。对于自主创新政策来说，其最终目标是促进自主创新能力的提升（洪勇和李英敏，2012）。然而，自主创新能力是一个较为复杂的综合系统，具有显著的层次性和结构性特点，从微观、中观到宏观层面可以将其划分为组织创新能力、产业（行业）创新能力、国家（区域）创新能力等三个层次（张义梁和张嵋喆，2006）；从能力结构构成要素来看，自主创新能力又可划分为自主创新投入能力、自主创新配置能力、自主创新支撑能力、自主创新管理能力和自主创新产出能力等方面（范柏乃，2010）。本章节所探讨的自主创新能力主要是基于能力结构构成要素，因此对自主创新政策目标的量化最终转化为考察自主创新政策对促进自主创新投入能力、自主创新配置能力、自主创新支撑能力、自主创新管理能力和自主创新产出能力等方面提升的明确具体化程度，具体的计分标准如表3-2所示。根据表3-2的标准，分别对每项政策体现的不同目标赋予不同的分值，若某项政策对某项目标未提及，则不计分。

表3-2　政策目标量化标准

政策目标	评判内容	赋分
促进自主创新投入能力提升	强调人力资源投入、财力资源投入和物质资源投入等，且目标内容明确、具体、清晰	3
	强调人力资源投入、财力资源投入和物质资源投入等，但目标内容模糊	2
	仅提及提升自主创新投入方面的能力	1
促进自主创新配置能力提升	强调创新机构合作、技术引进、利用外资等，且目标内容明确、具体、清晰	3
	强调创新机构合作、技术引进、利用外资等，但目标内容模糊	2
	仅提及提升自主创新配置方面的能力	1
促进自主创新支撑能力提升	强调基础设施环境建设、创新中介服务环境建设、金融环境建设、文化环境建设和市场环境建设等，且目标内容明确、具体、清晰	3
	强调基础设施环境建设、创新中介服务环境建设、金融环境建设、文化环境建设和市场环境建设等，但目标内容模糊	2
	仅提及提升自主创新支撑方面的能力	1

続表

政策目标	评判内容	赋分
促进自主创新管理能力提升	强调通过法律、行政、经济等某种手段或多种手段营造公平的竞争环境和条件，且目标内容明确、具体、清晰	3
	强调通过法律、行政、经济等某种手段或多种手段营造公平的竞争环境和条件，但目标内容模糊	2
	仅提及提升自主创新管理方面的能力	1
促进自主创新产出能力提升	强调知识创造、技术创造、新产品创造、品牌创造等，且目标内容明确、具体、清晰	3
	强调知识创造、技术创造、新产品创造、品牌创造等，但目标内容模糊	2
	仅提及提升自主创新产出方面的能力	1

三、P 维度：政策力度

政策力度是政策权威性的重要体现，对政策力度的量化其实质就是对政策制定主体（政策颁发机构）的考察。本书所分析的自主创新政策属于国家层面的政策，不包括省级以下政府机构出台的自主创新政策。为此，政策力度的量化标准主要是根据国家行政权力结构和政策类型进行计分，即根据涉及全国人大常委会、国务院、科技部、知识产权局等多个机构颁布的法律、法规、条例、意见、通知、办法、实施细则等22种类型的相关政策，确定自主创新政策力度的计分标准（表3-3），并将这种政策力度划分简化为自主创新政策量化分析的P维度。在计分过程中涉及联合颁布的政策时，本书将以发文机构与政策类型之间的匹配效度最高分赋分。在实际的政策分析中会发现，政策颁布的机构级别越高，对自主创新主体的约束力和影响力越弱，因而对其赋予高分可能会忽略政策的实际影响程度。但是在分析中发现，自主创新政策颁布机构级别越高的部门，其政策工具和政策目标相对较为模糊，而对政策工具和政策目标赋分时主要考虑其内容的具体性和明确性，因此政策力度与政策工具和政策目标的叠加效果能够较为准确地反映出自主创新政策对自主创新机构的实际影响。

表 3-3　政策力度量化标准

评判内容	赋分
全国人民代表大会及其常务委员会颁布的法律	5
国务院颁布的条例、各个部委的部令	4
国务院颁布的暂行条例、各个部委的条例、规定	3
各个部委的意见、办法、暂行规定	2
通知	1

资料来源：彭纪生等，2008a

第二节　自主创新政策样本选择与统计方法

一、自主创新政策样本的选择

本书以中国法律法规信息系统（http：//law. npc. gov. cn：87/home/begin1. cbs）为研究政策样本的主要来源，检索出 1978 年改革开放至今国家及各部委颁布出台的 8340 项政策，对有关自主创新政策的政策文本进行筛选，同时参阅《中国科学技术政策指南》（1987～1989 年、1995 年、1997 年）、《中国科技法律法规与政策选编》（科学技术部政策法规司，2003 年）、《科技法律法规与政策选编：1985～2008 年》（科学技术部政策法规司，2011 年）、《科技法律法规与政策选编：2009～2011 年》（科学技术部政策法规司，2012 年）、《中国创新政策研究报告》（OCED，2011 年）、《国家促进自主创新的政策分析与研究报告》（科学技术部办公厅调研室、中国科学技术促进发展研究中心，2005 年）、《自主创新政策选编》（中国民营企业家协会，2009 年）、《促进科技和金融结合政策文本汇编》（2011 年）、《从引进到创新：中国技术政策演进、协同与绩效研究》（孙文祥等，2007 年）、《21 世纪的中国技术创新系统》（柳卸林，2000年）、《民营科技企业创新服务体系政策研究》（2008 年）等文献资料进行补充完善，最终筛选出与自主创新密切相关的政策共 346 项。以这 346 项自主创新政策为研究政策样本，通过系统的梳理和阅读，严格按照上述建立的政策量化标准，针对每项政策从颁布时间、颁布机构、政策名称、政策措施、政策目标、政策效力等记录、计分，形成自主创新政策量化分析数据库。

在对政策工具和政策目标进行量化计分的过程中，为了使得政策量化计分标准和结果具有良好的信度和效度，本书组建了包括 1 位教授、4 位博士生、5 位硕士生和 9 位 MPA 学员（科技管理部门）的量化团队。具体量化计分过程为：首先，对量化团队进行分组，共分为 3 组，其中教授担任量化团队组长，负责组内协调和指导工作，每组由三位研究生（包括博士生和硕士生）和三位 MPA 学员组成；其次，在政策样本中随机选择 20 项自主创新政策文本，以组为单位严格按照量化计分标准对每项政策文本进行赋分；最后，在量化小组达成一致意见的基础上，对组间重测信度进行检验，采用一致性水平作为判断标准（一致性水平 $=n/N$，其中 n 为每项评判内容赋分的频数，N 为被评判的政策数量），共实施了 3 轮一致性检验，赋分的一致率水平值分别为 0.62、0.75、0.87，一致性水平通过组间不断讨论逐渐提高，最终的赋分达到了较高的一致性水平。

二、自主创新政策量化统计方法

在对每项自主创新政策文本进行量化赋分后，接下来需要计算改革开放以来每个年度的政策工具、政策目标和政策力度的量化得分，主要采用以下计算公式：

$$TIIP_i = \sum_{j=1}^{N} IIP_j \tag{3-1}$$

式中，i 表示年度，$i \in [1978，2013]$，N 表示 i 年度颁发的自主创新政策数，j 表示 i 年颁发的第 j 项自主创新政策，IIP_j 表示第 j 项自主创新政策的各项政策工具和政策目标的具体化和明确化程度以及政策力度的得分，$TIIP_j$ 表示表示 i 年度自主创新政策的各项政策工具和政策目标的具体化和明确化程度以及整体政策力度。通过对自主创新政策样本量化分析数据库进行统计分析，得到了改革开放以来各年度的自主创新政策量化指标得分（表3-4）。下面将以表3-4的统计结果为依据，从1978年以来的自主创新政策工具、政策目标、政策力度以及政策数量等方面，着重讨论分析我国自主创新政策的供给特征与演进历程。

表3-4 各年度自主创新政策量化指标得分

年份	政策工具	政策目标	政策力度	政策数量
1978	10	3	4	1
1979	33	19	12	3
1980	7	3	4	1
1982	30	14	12	3
1983	42	12	14	4
1984	45	18	20	6
1985	50	33	17	7
1986	98	49	30	13
1987	99	50	33	13
1988	48	31	18	8
1989	77	41	23	11
1990	56	33	20	10
1991	88	51	35	12
1992	41	23	15	8
1993	65	36	31	10
1994	84	53	32	14
1995	33	22	16	7
1996	88	51	36	16
1997	72	35	21	10

年份	政策工具	政策目标	政策力度	政策数量
1998	22	15	7	4
1999	31	22	11	5
2000	42	15	14	7
2001	37	21	11	7
2002	80	45	30	11
2003	18	11	7	3
2004	31	9	11	4
2005	38	27	10	6
2006	309	162	59	31
2007	348	179	46	28
2008	113	80	21	11
2009	248	139	31	19
2010	124	70	38	18
2011	137	73	51	20
2012	64	38	19	10
2013	37	19	9	5

资料来源：根据自主创新政策样本统计数据库统计分析获得，缺1981年资料，下同

第三节　自主创新政策的供给特征

一、政策数量呈现上升趋势

改革开放以来，自主创新活动受到了前所未有的重视，自主创新政策开始逐

步成为我国政府激励自主创新的重要工具和有效手段。从图3-4可以看出，我国改革开放以来有关自主创新政策尽管不同年份颁布的数量有所波动，但是由于政策具有延续性，因此整体上是呈现持续上升趋势。特别是2006年以来，我国开始实施《国家中长期科学和技术发展规划纲要（2006-2020）》，明确提出了加快自主创新能力提升、努力建设创新型国家的战略目标任务，一系列自主创新配套政策相继制定出台，自主创新政策呈现出前所未有的增长速度，初步形成激励自主创新的政策体系。据统计结果显示，改革开放以来我国平均每年颁布了约10项自主创新政策，特别是2006年以来迅速上升，平均每年颁布的自主创新政策高达18项。

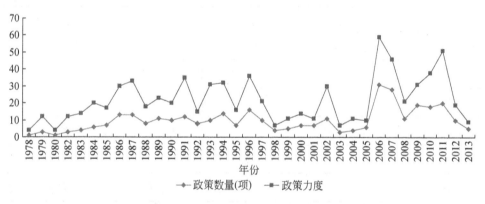

图3-4 改革开放以来我国自主创新政策数量及政策力度

二、颁发机构表现出高度协同

从改革开放以来我国自主创新政策的颁发机构统计结果（表3-5）来看，越来越多的政府机构和职能部门参与到制定和实施自主创新政策，联合颁发成为自主创新政策出台的趋势，这种多部门联合颁发现象在一定程度上充分表现出我国自主创新政策颁发实施的高度协同。从表3-5可以看出，无论是在自主创新政策的颁发数量上，还是在自主创新政策的联合颁发数量上，科技部都位居榜首，颁发数量占自主创新政策的49.42%，联合颁发数量占所颁发数量的56.73%。由此可以看出，科技部已经成为我国自主创新政策制定实施的重要主体。此外，作为自主创新财政投入的重要主体部门——财政部，无论是政策颁发数量还是政策联合颁发数量都仅次于科技部，颁发数量占自主创新政策的24.57%，联合颁发数量占所颁发数量的90.59%。除此之外，联合颁发数量相对较多的还有国家税务总局、教育部、国家发改委、商务部、人力资源和社会保障部、海关总署等，分别为31项、23项、22项、17项、14项、12项。总的来看，自主创新政策联合颁发数量达135项，占颁发总数的39.02%，同时，有关我国创新体制改革和自主创新能力提升的部门也大多也采取联合颁发的形式参与制定实施自主创新政策。

表3-5 自主创新政策主要颁发部门分布

颁发部门	颁发数量（项）	单一颁发数量（项）	联合颁发数量（项）	联合颁发所占比例（%）
全国人大常委会	17	17	0	0.00
国务院	62	62	0	0.00
知识产权局	21	14	7	33.33
工业和信息化部	9	5	4	44.44
商务部	31	14	17	54.84
科技部	171	74	97	56.73
国家发改委	30	8	22	73.33
中国科协	7	1	6	85.71
海关总署	14	2	12	85.71
人力资源和社会保障部	16	2	14	87.50
中国银监会	8	1	7	87.50
国家税务总局	35	4	31	88.57
财政部	85	8	77	90.59

颁发部门	颁发数量 （项）	单一颁发数量 （项）	联合颁发数量 （项）	联合颁发所占 比例（%）
教育部	25	2	23	92.00
国家工商行政管理总局	8	0	8	100.00
国资委	8	0	8	100.00
中国保监会	4	0	4	100.00
国家版权局	3	0	3	100.00
中华全国总工会	3	0	3	100.00
中国证监会	2	0	2	100.00

资料来源：根据政策样本统计数据库统计获得

三、政策规定缺乏强制性规范

从图3-4可以看出，改革开放以来我国自主创新政策无论是在政策数量上还是在政策力度上，均表现出增长的态势。然而，从自主创新政策文本的类型（表3-6）来看，各个部委的意见、办法、暂行规定和通知比例较大，达263项，占76%；而具有较高法律效力和政策力度的法律法规数据甚少，以法律形式颁布的政策仅为17项，约占0.05%，这一结果充分表明我国自主创新政策缺乏强制性。当然，有学者认为，这种现象反映的是我国对立法工作的高度重视，在条件不成熟的时候，宁可采取其他相关方式，通过试行或试验的方式积极妥善地进行政策体系建设。尽管作为自主创新政策主要类型的意见、办法、通知等一样具有较强的法律效力，但是在实际的政策执行过程中，这些意见、办法、通知等经常会与基本的法律法规出现抵触，导致颁布实施的自主创新政策作用受到不同程度的削弱或抵消。

表 3-6　自主创新政策文本类型分布

政策文本类型	政策数量（项）
全国人民代表大会及其常务委员会颁布的法律	17
国务院颁布的条例、各个部委的部令	28
国务院颁布的暂行条例、各个部委的条例、规定	38
各个部委的意见、办法、暂行规定	194
通知	69

资料来源：根据政策样本统计数据库统计获得

四、政策工具类型以环境型为主

改革开放以来，无论是不同的政策工具类型，还是同一政策工具类型的不同政策措施，我国颁布实施的自主创新政策均有所涉及。表 3-7 显示，改革开放以来，我国的自主创新政策主要以环境型政策工具为主，量化得分达 995；其次是供给型政策工具，量化得分 652；而需求型政策工具相对较少，量化得分仅为162。从政策措施的量化结果来看，法规管制和财税金融支持的政策措施具体化程度相对居高，量化得分分别为 436 和 407，这一结果可以在一定程度上反映改革开放以来我国自主创新政策的重点是关注创新环境规范、创新机制体制建设、科技投入、财政激励、金融支持等方面。在供给型政策工具中，科技公共服务的政策措施具体化程度相对较高，量化得分为 295，表明我国在供给型自主创新政策工具中侧重于科普教育、技术咨询、技术培训、统筹协调等有关科技公共服务方面。然后，需求型的政策措施量化得分相对较低，且政策措施的具体化程度也相对偏低，量化得分均为 54，在一定程度上反映了改革开放以来我国在推动政府采购、对外贸易、技术合作方面的自主创新政策措施严重不足，应将其作为未来我国自主创新政策工具选择与优化的重要关注方向。

表 3-7　自主创新政策工具量化分数

类型	措施	措施量化分数	类型量化分数
供给型	人才队伍建设	176	652
	基础设施建设	181	
	科技公共服务	295	
环境型	财税金融支持	407	995
	知识产权保护	152	
	法规管制	436	
需求型	政府采购	54	162
	对外贸易	54	
	技术合作	54	

资料来源：根据政策样本统计数据库统计分析获得

五、政策目标侧重管理能力与支撑能力

从表 3-8 可以看出，改革开放以来我国自主创新政策目标在促进自主创新能力提升方面均有所体现，但主要侧重于提升自主创新管理能力和支撑能力，这两项目标的量化得分分别达 420 和 410，表明我国自主创新政策的供给强调通过法律、行政、经济等某种手段或多种手段营造公平的竞争环境和条件，以及注重基础设施环境建设、创新中介服务环境建设、金融环境建设、文化环境建设和市场环境建设等。仅次于促进自主创新管理能力和支撑能力提升目标，促进自主创新投入能力提升的明确性也相对较高，量化得分为 315，在一定程度上反映我国对于人力资源投入、财力资源投入和物质资源投入也相对重视。而对于提升自主创新配置能力和产出能力的目标明确性程度相对偏低，量化得分仅为 155 和 202，这表明我国在推进创新机构合作、技术引进、利用外资以及促进知识创造、技术

创造、新产品创造、品牌创造等方面的政策目标相对不明确。随着我国创新驱动战略的实施以及创新型国家建设的推进,强化自主创新配置能力和产出能力也应成为未来我国自主创新政策优化的重要选择。

表 3-8   自主创新政策目标量化分数

政策目标	量化分数
促进自主创新投入能力提升	315
促进自主创新配置能力提升	155
促进自主创新支撑能力提升	410
促进自主创新管理能力提升	420
促进自主创新产出能力提升	202

资料来源:根据政策样本统计数据库统计分析获得

第四节   自主创新政策的演进历程

从上述对自主创新政策供给特征分析不难发现,我国改革开放以来自主创新政策的演进表现出较为明显的阶段性,在一定程度上反映了我国建构自主创新政策体系、建设创新型国家的阶段性改革过程。本书从自主创新政策颁布实施的背景出发,结合自主创新政策的集聚特点和重点以及不同年份的政策量化统计分析结果,将改革开放以来我国自主创新政策的演进划分为四个阶段,第一阶段为重构科技体制时期 (1978~1985 年),第二阶段为建立研发投入机制时期 (1986~1998 年),第三阶段为促进科技成果转化时期 (1999~2005 年),第四阶段为构建国家创新体系时期 (2006 年至今),不同阶段的政策量化指标统计分析结果如表 3-9 所示。

表 3-9　不同阶段的自主创新政策量化分数

项目		第一阶段 1978～1985 年	第二阶段 1986～1998 年	第三阶段 1999～2005 年	第四阶段 2006 年至今
政策工具	供给型	5.43	13.85	7.14	48.00
	环境型	11.14	24.77	15.71	60.63
	需求型	2.57	4.00	3.29	29.63
政策目标	投入能力	3.00	8.92	4.00	18.75
	配置能力	1.71	1.77	1.29	13.88
	支撑能力	1.71	8.77	8.14	28.38
	管理能力	3.57	12.77	6.14	23.25
	产出能力	4.57	5.46	1.86	10.75
政策力度		11.86	24.38	13.43	34.25
颁发机构协同度		3	6	3	8

注：数据来源于政策样本统计数据库统计分析结果，其中政策工具、政策目标和政策力度的数值表示平均每年的量化得分，颁发机构协同度为平均每年联合颁发的政策数（项）

一、重构科学技术体制阶段（1978～1985 年）

自 1978 年党的十一届三中全会后，党和国家的工作重心开始逐步转移到经济建设上来。尽早实现"四个现代化"，科学技术成为重点和关键。为此，在 1978 年 3 月举行的全国科学大会上，邓小平同志提出科学技术是生产力的论断。人们经过科学技术思想的洗礼，创新活力得到了释放，开始涌现出创新企业，如联想、北大方正。创新企业的出现，加快了科技成果产业化的步伐，不断弥合研发与产业之间的鸿沟。然而，1978～1985 年的科学技术发展表明，1978 年制定的《全国科学技术发展规划纲要草案（1978～1985)》目标过于宏大，脱离了当时中国的实际情况。因此，1985 年 3 月，中共中央作出《关于科学技术体制改革的决定》，确定了经济建设必须依靠科学技术、科学技术必须面向经济建设的科技政策指导方针，科技体制实现了突破性的改革和发展。从表 3.9 可以看出，在这一阶段，自主创新政策工具主要以环境型为主，平均每年的量化分数为 11.14，财税金融支持和法规管制措施占主导地位；在政策目标上，增强自主创新产出能力、管理能力和投入能力的目标较为明确，平均每年的量化分数分别为 4.57、3.57 和 3.00；政策力度相对其他三个阶段偏低，平均每年的量化分数为 11.86；此外，颁发机构协同度也相对偏低，平均每年联合颁发的政策数仅为 3 项。

二、建立研发投入机制阶段（1986～1998 年）

国家科技体制得到重构的同时，相关的经济体制和教育体制也实现了重构。随着经济体制改革和科教兴国战略的顺利推进，我国经济发展模式开始逐步从粗放型的经济增长方式转向依靠科技进步、高素质人才和技术创新的高效率经济增长方式，自主创新驱动经济发展的效应开始日益显现。尤其是《科技进步法》的颁布出台以及星火计划、"863" 计划、国家自然科学基金资助项目、火炬计划、科技推广计划、"973" 计划、中国科学工程院知识创新工程等一系列大型公共竞争性科技发展支持项目的实施，建立了政府资助的研发投入机制，极大地推动了科技资源的合理配置和有效发挥。与此同时，通过引入市场机制和竞争机制，逐渐增强了自主创新政策的经济导向，创新主体的研发资金不再只靠单一的政府投入，来自非政府层面特别是企业层面的研发投入在不断递增，企业开始成为自主创新的重要主体。表 3-9 显示，这一阶段自主创新政策工具主要以环境型为主，平均每年的量化分数为 24.77，仅次于第四阶段；政策目标上侧重于提升自主创新管理能力、投入能力和支撑能力，平均每年的量化分数分别为 12.77、8.92 和 8.77；政策力度和政策颁发机构协同度相对其他部门表现出适中状态，该时期平均每年的政策力度量化分数为 24.38，平均每年联合颁发的政策数仅为 6 项。

三、促进科技成果转化阶段（1999～2005 年）

随着我国加入 WTO 以及科技兴贸战略的实施，国内自主创新机构面临来自全球的技术市场的竞争，加快科技成果转化成为走出去抢占市场的必然选择。1999 年 8 月，中共中央、国务院出台《关于加强技术创新、发展高科技、实现产业化的决定》，明确规定了支持高新技术产业化的财政政策和金融政策，标志着自主创新政策进入推动科技成果转化的关键时期。同时，先后制定实施的《促进科学技术成果转化若干规定》《专利法》《科学技术知识普及法》《科技成果转化法》等一系列政策法规，建立健全了我国推进自主创新的科技成果转化的政策体系，加速了科技成果产业化的步伐，极大地推进科学技术转化为现实生产力。另外，为了鼓励和扶持中小企业进行自主创新，推进科技成果转化，不断提高企业自主创新能力，我国特设立了科技型中小企业技术创新基金，并颁布实施关于中小企业的第一部专门法律《中小企业促进法》。由表 3-9 可以看出，这一阶段的政策工具中仍以环境型自主创新政策工具为主，其措施具体化程度较高，平均每年的量化分数为 15.71；在政策目标上对于增强自主创新的支撑能力和管理能力的明确性较强，平均每年的量化分数分别为 8.14 和 6.14；政策力度相对其他三个阶段居中，平均每年的政策力度为 13.43；而颁发机构协同度却相对偏低，平均每年联合颁发的政策数仅为 3 项。

四、构建国家创新体系阶段（2006 年至今）

改革开放以来的经济社会发展表明，科学技术是推动经济社会发展的不竭动力，而推进自主创新是转变经济发展方式的关键。近年来，全国各地都在努力提升区域自主创新能力，积极构建区域创新体系，自主创新成为很多地方政府调整经济结构、培育新的经济增长点的重要抓手。在 2006 年的全国科学技术大会上，胡锦涛同志提出建设创新型国家，要坚定不移地走中国特色自主创新道路。同时，国务院颁布实施的《国家中长期科学和技术发展规划纲要（2006～2020）》明确要求，把提高自主创新能力作为调整经济结构、转变增长方式、提高国家竞争力的中心环节，把建设创新型国家作为面向未来的重大战略选择，全面推进具有中国特色的国家创新体系建设。为了保证规划纲要的顺利实施，中共中央、国务院出台了《关于实施科技规划纲要、增强自主创新能力的决定（2006～2020）》，并制定《实施〈国家中长期科学和技术发展规划纲要（2006～2020

年)》的若干配套政策》，从科技投入、税收激励、金融支持、政府采购、引进消化吸收再创新、创造和保护知识产权、人才队伍、教育和科普、科技创新基地和平台、加强统筹协调等方面积极给予优惠政策支持和保障。为了建设以市场为导向、以企业为主体的创新系统，努力构建全面而高效的国家创新体系，尽快进入创新型国家行列，2007年对《科学技术进步法》进行了修订。从表3-9明显可以看出，在这一时期我国自主创新政策无论是在政策工具和政策目标上，还是在政策力度和颁发机构协同度上，均创改革开放以来前三个阶段的历史新高；在政策工具上，环境型自主创新政策工具仍占主导地位，平均每年的量化分数高达60.63；在政策目标上侧重于增强自主创新支撑能力和管理能力，平均每年的量化分数分别为28.38和23.25。此外，这一阶段平均每年的政策力度高达34.25，平均每年联合颁发的政策数达8项。

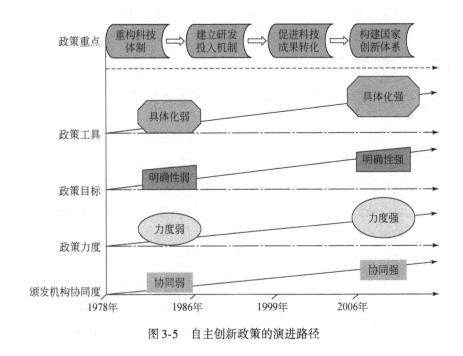

图3-5　自主创新政策的演进路径

从改革开放以来我国自主创新政策的演进路径来看（图3-5），政策重点经历了从重构科技体制、建立研发投入机制到促进科技成果转化，再到构建创新体系的过程，实质上演绎了我国建设创新型国家的改革过程。在政策工具和政策目标上，尽管每个时期的政策工具类型和政策目标侧重点不尽相同，但是政策措施的具体化程度和政策目标的明确性程度均随着自主创新政策的演进逐步增强。在政策力度上，随着创新型国家建设进程的推进，特别是 2006 年明确提出提高我国自主创新能力以来，政策力度不断加强。同时，伴随我国政府部门职责分工合理化、科学化、规范化趋势，涉及自主创新政策的政府部门协同程度也越来越高，多部门联合颁布实施政策将成为自主创新政策制定实施的趋势。

第四章 自主创新政策绩效测量：
基于"4E"评价框架

在对自主创新政策进行评估的过程中，全面了解和把握自主创新政策供给特征与演进历程是基础，对自主创新政策实施绩效进行深入的考察才是目的。以往研究中，关于自主创新政策的绩效测量大多以经济统计数据分析和经验判断类研究为主，而从企业视角对自主创新政策实施绩效进行测量的甚为罕见。目前，公共研究机构不再占据中国创新体系中的主导地位，而企业逐步成为创新体系的核心部分。事实上，企业作为自主创新政策的最终接受者，直接感受和体会到自主创新环境的各种变化，它们的判断是衡量自主创新政策实施绩效最为有效的"标尺"。为此，本章拟借鉴 OECD 绩效审计的"4E"评价框架，即经济性（economy）、效率性（efficiency）、效益性（effectiveness）和公平性（equity），确定我国自主创新政策绩效测评维度，通过编制自主创新政策绩效测评量表，对我国东、中、西部的自主创新企业进行问卷抽样调查，考察自主创新政策实施绩效水平及其差异性特征，以期为进一步完善和优化我国自主创新政策工具和政策体系提供理论与实践依据。

第一节 自主创新政策绩效测评量表的编制

基于对创新政策绩效研究的系统调研和梳理，本书认为，自主创新政策绩效是指在一定时期内的各种政府政策措施和手段作用于自主创新领域所产生的成绩和效益。对自主创新政策绩效进行评估，有助于检验自主创新政策实施取得的实际效果，推动促进自主创新政策资源的合理配置，为进一步优化调整自主创新政策提供重要依据。

政策评估是政策过程的关键环节之一，而政策绩效评估属于政策评估体系中最为重要的组成部分。相对于政策评估来说，政策绩效评估更加注重结果导向，更加关注政策目标群体的满意程度（郑方辉等，2010）。同时，中国行政管理学会课题组（2013）认为，政策绩效评估是指基于结果导向，运用科学的方法、规范的流程、相对统一的指标及标准，对政策的投入产出进行综合性测量与分析的活动。对自主创新政策绩效进行测量，从政策评估的逻辑上讲，可以认为是基于结果导向的自主创新政策绩效评估活动，也就是运用科学的测评工具和规范的测评方法，考察自主创新政策对其作用对象需求、价值、机会等方面满足程度的一种评估活动。

目前，基于OECD绩效审计的"4E"评价框架（经济性、效率性、效益性和公平性）被广泛运用于政策绩效评估领域，已成为政策绩效评估中较为合理、科学的一个评价框架，因为该框架是建立在一个较为清楚的模式之上，而且这个框架是可以被用来测评的（于军，1999）。为此，本书对自主创新政策绩效测量拟采用这一评价框架，从经济性、效率性、效益性和公平性四个方面出发，构建包括4个维度、12项指标内容的自主创新政策绩效测评指标体系，如图4-1所示。

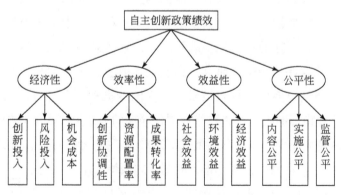

图4-1　基于"4E"评价框架的自主创新政策绩效测评指标体系

（1）经济性（economy）。自主创新政策的经济性绩效是自主创新政策在实施过程中运行成本、社会损耗等方面的重要体现，用于测度自主创新政策是否降低了自主创新主体风险成本与机会成本、是否激励了自主创新主体的创新投入，这类指标在一定程度上反映了自主创新主体的创新动力强弱。

（2）效率性（efficiency）。自主创新政策的效率性绩效是指政策作用产出与政策投入资源的比例关系，用于测度自主创新主体在既定的投入资源下，是否因自主创新激励政策而在自主创新活动中获得最大化的创新产出成果，其实质就是创新效率的重要体现，包括创新协调性、资源配置率、成果转化率等方面。

（3）效益性（effectiveness）。自主创新政策的效益性绩效是指自主创新政策颁布实施对自主创新环境和自主创新活动的影响程度，主要侧重于反映自主创新政策产生的内部性和外部性，包括社会效益、环保效益和经济效益等方面的内容。

（4）公平性（equity）。自主创新政策的公平性绩效是指自主创新政策促进自主创新主体机会公平、平等以及以差异化原则兼顾各方利益和照顾各方面关切的程度，主要体现在政策内容的公平性、政策实施的公平性和政策监管的公平性方面，是自主创新政策追求的最为重要的价值目标之一。

从以往研究来看，尚未发现一套具有系统性和全面性的创新政策绩效测评量表。因此，对我国自主创新政策绩效的测量，需要编制具有良好信度和效度的自主创新政策绩效测评量表。在量表编制的过程中，本书主要着重从两个方面入手：一方面以上述的自主创新政策绩效测评体系为依据，尽可能地收集以往与创新政策绩效评估相关的研究，借鉴和提取适合本书的相关指标内容；另一方面研究者通过与多位科技政策研究方面的专家和学者进行访谈，咨询他们对不同维度测评指标的观点，并在指标测评题项的表述上多次征求他们的看法和意见，经过多轮的完善、修改和调整，从而形成了初始的自主创新政策绩效测评量表（表4-1）。在本书中，所有指标的测评题项均采用李克特五点量表的形式，最低分为1，最高分为5，严格按照问卷设计的程序和方法，编制自主创新政策绩效调查问卷，具体详见附录。

表4-1　初始自主创新政策绩效测评量表

测评维度	测评指标	测评题项	作者（提出年份）
经济性	创新投入	自主创新政策对企业的研发投入具有一定的激励作用	秦德君（2007）；杨妮娜（2011）；洪银兴（2010）；赵莉晓（2014）
	风险成本	有效使用自主创新政策能够有效降低企业自主创新的风险	
	机会成本	自主创新政策在一定程度上解决了本企业因研发投入而导致现金流或销售暂时短缺的问题	
效率性	创新协调性	自主创新政策有利于本企业将各部门目标整合到自主创新工作上	池仁勇（2003）；姚永玲（2009）；徐建国（2002）；李应博（2009）；刘海波和靳宗振（2011）；Scartascini 等（2013）
	资源配置率	自主创新政策能够提高本企业获取和利用自主创新资源的能力	
	成果转化率	自主创新政策对促进科技成果转化发挥了积极有效的作用	
效益性	社会效益	自主创新政策颁布实施在一定程度上缓解了严峻的就业形势	董翊明等（2011）；杨妮娜（2011）；赵莉晓（2014）
	环境效益	自主创新政策对于推动环保节能事业发挥着积极的建设性作用	
	经济效益	本企业的发展离不开自主创新政策的支持	
公平性	内容公平	自主创新政策兼顾了各方面利益、照顾了各方关切	董翊明等（2011）；丁煌（1995）；胡鞍钢和魏星（2009）；Roemer（2006）
	实施公平	本企业享受与同行业其他企业一样的自主创新优惠政策	
	监管公平	自主创新政策对本企业和其他同行企业都具有普遍约束力	

第二节 自主创新政策绩效测评量表的试测与检验

上述初始编制的量表主要是在对文献进行系统调研、深度访谈的基础上形成的，尽管遵循了一定的理论基础，却无法避免存在的主观因素。为了保证上述编制的测评量表具有较高的可靠性和有效性，应当进行测试，并对测试结果进行信度检验（reliability tests）和效度检验（validity tests）。

一、试测样本的选择

在尚未进行正式问卷调查前，必须进行试调查，这是量表编制过程中不可逾越的重要一步。因此，本书选择了浙江省100家自主创新企业作为测试对象，共发放问卷100份，回收到100份，有效问卷为76份。本书拟将这76份有效问卷作为数据来源，对初始的自主创新政策绩效测评量表进行信度和效度检验。量表试测调查样本的基本情况如表4-2所示。

二、量表的信度检验

量表的信度检验，是采用同样的方法对同一对象重复测量时所得结果的一致程度，即测评量表的可靠性和准确性。从统计学上来讲，信度是指测量结果反映出系统变异的程度。为了最大程度上保证研究分析中所使用的数据是真实可信的，应当对所使用的测评量表进行信度检验。一般而言，两次或两次以上测量的结果愈是一致，则误差愈小，所得的信度也就愈高。评定测量工具信度的方法有很多，常用的有内部一致性信度、折半信度、重测信度和平行信度等（范柏乃和班鹏，2008）。测评量表信度的检验方法也有多种，本书主要采用内部一致性信度和折半信度。内部一致性信度是反映调查问卷内部结构的一致性程度，主要采用克朗巴赫（Cronbach）α系数来考察，一般情况下，只需α系数达到0.7，就可以认为测评量表的信度良好。通过SPSS-20.0统计分析软件对试测样本数据进行信度检验，分析结果显示，本次试测量表的 Cronbach α 系数为 0.950，大于

0.7；进行折半信度分析，得出 Cronbach α 系数分别为 0.905、0.928，均大于 0.7，表明自主创新政策绩效测评量表具有良好的信度。

表 4-2 试测调查样本的基本情况（$N=76$）

属性	类别	百分比（%）	属性	类别	百分比（%）
企业类型	国家级高新技术企业	14.5	企业年销售收入	低于 100 万元	11.8
	省级高新技术企业	6.6		100 万~500 万元	14.5
	地市级高新技术企业	13.2		500 万~1000 万元	7.9
	其他	65.8		1000 万~5000 万元	9.2
企业产品（服务）所属领域	电子信息技术	20.5		5000 万~1 亿元	9.2
	生物与新医药技术	12.6		1 亿~5 亿元	11.8
	航空航天技术	5.3		5 亿~10 亿元	7.9
	新材料技术	15.3		10 亿元以上	27.6
	科技服务业	12.6	企业现有员工人数	100 人以下	28.9
	新能源及节能技术	12.6		100~300 人	14.5
	资源与环境技术	2.6		300~500 人	11.8
	其他领域	18.4		500 人以上	44.7
企业产权性质	民营	43.4	被调查者职务	高层管理者	34.2
	外商投资	2.6		中层管理者	32.9
	港澳台资	2.6		基层管理者	17.1
	国有	43.4		普通员工	15.8
	集体	5.3			
	其他	2.6			

资料来源：根据试测调查有效问卷进行分析所得

三、量表的效度检验

所谓效度，也就是测量的有效性程度，是指测量工具或手段能够准确测出真正想要测量的特质（或东西）。从统计学的意义上来讲，效度是指测量结果与某种外部标准（即效标）之间的相关性程度，其中相关程度越高表明测量结果越有效。效度的评判方法较多，常用的主要有内容效度、预测效度、构思效度、聚合效度、辨别效度以及效标关联效度等（戴海崎等，2002）。量表的效度检验，涉及对量表测量与外部标准之间关系的评价。一般认为，因子分析是检验量表效度最为常用的方法（吴明隆，2010）。然而，只有当 KMO（Kaisex-Meyer-Olkin）值大于 0.7，且 Bartlett 球形度检验（Bartlett's test of sphericity）值小于 0.01 时，方可进行因子分析（马庆国，2002）。因此，本书首先运用 SPSS-20.0 软件对自主创新政策绩效测量变量进行 KMO 和巴特莱特球形度检验，检验结果如表 4-3 所示。

表 4-3　KMO 和巴特莱特球形度检验（$N=76$）

KMO 值		0.855
Bartlett 球形度检验	近似卡方值	456.299
	自由度	66
	显著性水平	0.000

资料来源：SPSS-20.0 统计分析输出结果

从表 4-3 可以看出，其中 KMO 值为 0.855，Bartlett 球形度检验 p 值为 0.000，小于 0.01，表明自主创新政策绩效测量变量之间具有较高的相关性，比较适合做因子分析。接着，采用主成分分析法、按照特征大于 1 并选取方差最大旋转法的方式提取因子（表 4-4），共提取得到 2 个公因子，累计方差贡献率高达 61.106%，说明这两个因子所包括的变量在某种程度上具有明显的共同特征，其中一个因子包括经济性和效率性维度指标测评题项，另一个因子包括效益性和公平性维度指标测评题项，这一结果充分表明所提取的公因子具有较强的解释力和较好的代表性（详细讨论见本章第三节）。以上结果表明，自主创新政策绩效测量表的结构比较合理，具有良好的构思效度。

表 4-4　总方差解释表 a

主成分	初始特征值			提取平方和载入			旋转平方和载入		
	合计	方差的%	累积%	合计	方差的%	累积%	合计	方差的%	累积%
1	5.736	47.800	47.800	5.736	47.800	47.800	3.992	33.264	33.264
2	1.597	13.306	61.106	1.597	13.306	61.106	3.341	27.842	61.106
3	0.808	6.731	67.837						
4	0.786	6.547	74.384						
5	0.618	5.152	79.536						
6	0.524	4.370	83.906						
7	0.460	3.829	87.735						
8	0.415	3.455	91.190						
9	0.341	2.839	94.029						
10	0.298	2.486	96.515						

资料来源：SPSS-20.0 统计分析输出结果

第三节　自主创新政策绩效的实际测评与统计分析

一、自主创新政策绩效调查样本数据的采集

本书的调查问卷主要采取了方便抽样法，问卷的发放方式包括会议集中发放（利用各种形式的自主创新类企业家论坛进行调查）、培训集中发放（对参加浙

江大学继续教育学院培训班的自主企业家进行调查）、实地调研发放（重点对高新技术产业开发区的企业进行实地访谈调研）、邮寄发放（委托政府科技管理部门、高新区管委会以及工商管理部门调查）、电子邮件（对私人关系网络中的自主创新类企业管理者调查）等。此次问卷调查过程历时三个多月，从 2013 年 6 月中旬一直持续到 2013 年 9 月底，期间共发放问卷 300 份，回收 285 份，有效问卷为 247 份，问卷的有效回收率为 86.7%。根据问卷的发放情况，调查范围覆盖我国的东部、中部和西部①，其中，东部包括浙江、上海等，中部包括湖南、山西等；西部包括贵州、重庆、四川、广西等。

二、自主创新政策绩效测评的描述性统计分析

以回收得到的 247 份有效问卷为数据来源，运用 SPSS-20.0 软件对调查样本的背景信息进行描述性分析，分析结果如表 4-5 所示。从表 4-5 可以看出，在调查样本的所属区域分布上，东部占 38.1%，中部占 31.6%，西部占 30.4%，相对来说东部的样本偏多，这与东部地区自主创新类企业规模较为吻合；在企业类型方面，国家级高新技术企业有 71 家，占 28.7%；省级高新技术企业有 35 家，占 14.2%；地市级高新技术企业有 28 家，占 11.3%；其他类企业有 113 家，占 45.7%。从企业类型样本的分布来看，也比较符合自主创新相关企业的分布特征。在企业所属产品（服务）领域的分布上，基本涵盖了自主创新产品（服务）供给的各个行业领域，其中，电子信息技术企业有 53 家，占 21.5%；生物与新医药技术企业有 28 家，占 11.3%；航空航天技术企业有 4 家，占 1.6%；新材料技术企业有 33 家，占 13.4%；科技服务业企业有 7 家，占 2.8%；新能源及节能技术企业有 15 家，占 6.1%；资源与环境技术企业有 12 家，占 4.9%；其他领域自主创新企业有 95 家，占 38.5%。

---

① 本书对东部、中部和西部地区的划分，主要采用国家统计局的统计口径，其中东部地区包括北京、天津、河北、辽宁、上海、江苏、浙江、福建、山东、广东和海南等 11 个省级行政区；中部地区包括山西、吉林、安徽、江西、黑龙江、河南、湖北和湖南 8 个省级行政区；西部地区包括重庆、四川、贵州、云南、西藏、甘肃、青海、宁夏、广西、新疆、陕西、内蒙古 12 个省级行政区。

表 4-5 调查样本的基本情况 (*N*=247)

属性	类别	频数	频率(%)	属性	类别	频数	频率(%)
企业所属区域	东部	94	38.1	企业年销售收入	低于100万元	19	7.7
	中部	78	31.6		100万~500万元	30	12.1
	西部	75	30.4		500万~1000万元	31	12.6
企业类型	国家级高新技术企业	71	28.7		1000万~5000万元	42	17.0
	省级高新技术企业	35	14.2		5000万~1亿元	33	13.4
	地市级高新技术企业	28	11.3		1亿~5亿元	40	16.2
	其他	113	45.7		5亿~10亿元	16	6.5
企业产品(服务)所属领域	电子信息技术	53	21.5		10亿元以上	36	14.6
	生物与新医药技术	28	11.3	企业现有员工人数	100人以下	99	40.1
	航空航天技术	4	1.6		100~300人	55	22.3
	新材料技术	33	13.4		300~500人	26	10.5
	科技服务业	7	2.8		500人以上	67	27.1
	新能源及节能技术	15	6.1	企业产权性质	民营	142	57.5
	资源与环境技术	12	4.9		外商投资	9	3.6
	其他领域	95	38.5		港澳台资	11	4.5
被调查者职务	高层管理者	84	34.0		国有	64	25.9
	中层管理者	91	36.8		集体	9	3.6
	基层管理者	42	17.0		其他	12	4.9
	普通员工	30	12.1				

资料来源：根据实证调查的有效问卷进行分析所得

表 4-6 自主创新政策绩效测评的描述性统计分析结果

测评题项	最小值	最大值	平均值	标准差
自主创新政策对企业的研发投入具有一定的激励作用	1	5	4.028	0.939
有效使用自主创新政策能够有效降低企业自主创新的风险	1	5	3.960	0.883
自主创新政策在一定程度上解决了本企业因研发投入而导致现金流或销售暂时短缺的问题	1	5	3.692	0.847
自主创新政策有利于本企业将各部门目标整合到自主创新工作上	1	5	3.769	0.941
自主创新政策能够提高本企业获取和利用自主创新资源的能力	1	5	3.943	0.877
自主创新政策对促进科技成果转化发挥了积极有效的作用	1	5	3.879	0.951
自主创新政策颁布实施在一定程度上缓解了严峻的就业形势	1	5	3.636	0.940
自主创新政策对于推动环保节能事业发挥着积极的建设性作用	1	5	3.717	1.004
本企业的发展离不开自主创新政策的支持	1	5	3.822	1.101
自主创新政策兼顾了各方面利益、照顾了各方关切	1	5	3.381	1.013
本企业享受与同行业其他企业一样的自主创新优惠政策	1	5	3.538	1.062
自主创新政策对本企业和其他同行企业都具有普遍约束力	1	5	3.441	0.960

资料来源：根据实证调查的有效问卷进行分析所得

另外，在企业产权性质方面，也比较符合我国企业发展的基本现状，其中，民营企业的比重较大，共有 142 家，占 57.5%；外商投资企业有 9 家，占 3.6%；港澳台资企业有 11 家，占 4.5%；国有企业有 64 家，占 25.9%；集体企业有 9 家，占 3.6%；其他类企业有 12 家，占 4.9%。同时，在企业规模结构的分布上，也较好地体现了我国企业规模仍偏小的基本特征，其中，企业年销售额在 1 亿元以下的有 155 家，占 62.8%；企业人数在 300 人以下的有 154 家，占 62.4%。此外，被调查者大部分来自中高层管理者，占 36.8%，其次是高层管理者，占 34.0%，在一定程度上能够保证所调查信息的真实性。总体上看，本书的调查样本具有较好的代表性，能够充分地反映自主创新主体企业的分布、规模与特征。

为了全面了解和把握各绩效测评指标题项的统计特征，表 4-6 给出了所有调查样本在自主创新政策绩效测评指标题项上的平均值和标准差。从表 4-6 可以看出，平均值最大的是对"自主创新政策对企业的研发投入具有一定的激励作用"的评价，表明作为自主创新主体的企业对自主创新政策激励企业创新投入的评价比较高；平均值最小的是对"自主创新政策兼顾了各方面利益、照顾了各方关切"的评价，表明自主创新政策在内容公平性方面相对不太理想。从标准差方面来看，对"本企业的发展离不开自主创新政策支持"评价的标准差最大，表明目前企业对自主创新政策资源配置效率的评价看法较不一致；对"自主创新政策在一定程度上解决了本企业因研发投入而导致现金流或销售暂时短缺的问题"评价的标准差最小，表明企业对自主创新政策的机会成本评价看法比较一致。

三、基于均差赋权法的自主创新政策绩效分析

（一）自主创新政策绩效测度模型的构建

根据上述构建的自主创新政策绩效测评指标体系，建立由自主创新政策的经济性、效率性、效益性和公平性四个维度变量构成的"4E"绩效测度模型。自主创新政策绩效测度模型的基本形式如下：

$$IIPP = f(EC, EFI, EFE, EQ)$$

$$= \sum_{i=1}^{n} a_i EC + \sum_{i=1}^{n} b_i EF + \sum_{i=1}^{n} c_i EFE + \sum_{i=1}^{n} d_i EQ \qquad (4-1)$$

式中，IIPP 为自主创新政策的总绩效，EC 为自主创新政策的经济性绩效，EFI 为自主创新政策的效率性绩效，EFE 为自主创新政策的效益性绩效，EQ 为自主创新政策的公平性绩效，i 为测评指标，a_i、b_i、c_i、d_i 分别为自主创新政策的经

济性绩效、效率性绩效、效益性绩效、公平性绩效上第 i 个指标的权重。

其中，四个维度的子模型基本形式如下：

$$EC = \sum_{i=1}^{n} e_i EC_i \tag{4-2}$$

$$EFI = \sum_{i=1}^{n} f_i EFI_i \tag{4-3}$$

$$EFE = \sum_{i=1}^{n} g_i EFE_i \tag{4-4}$$

$$EQ = \sum_{i=1}^{n} h_i EQ_i \tag{4-5}$$

式中，EC_i、EFI_i、EFE_i、EQ_i 分别为被调查企业人员对自主创新政策的经济性绩效、效率性绩效、效益性绩效、公平性绩效的第 i 个测评指标题项的评价，e_i、f_i、g_i、h_i 分别为 EC、EFI、EFE、EQ 的第 i 个评价指标题项的权重。

(二) 自主创新政策绩效测评指标权重的确定

指标权重确定的方法很多，归纳起来主要有两种，一种是主观赋值法（古林法、Delphi 法、AHP 法等），另一种是客观赋值法（主成分分析法、因子分析法以及均方差方法等）。一般来说，主观赋权法主要依靠专家的经验，尽管考虑得比较全面，但是有时候却无法避免存在主观武断的行为，因此客观性相对较弱；而客观赋权的方法主要借鉴一定的统计方法对各属性指标数据特征进行实证的定量分析，不存在主观的影响，相对来说比较客观，可是有时却很难对得出的结论给出合理的阐释。本书重点采用均方差赋权法来确定自主创新政策绩效指标的权重，该方法的基本思路为：以各评价指标为随机变量，各方案 A_j 在指标 G_j 下的无量纲化的属性值为该随机变量的取值，首先求出这些随机变量（各指标）的均方差，将这些均方差归一化，其结果即为各指标的权重系数（王明涛，1999）。该方法的计算步骤为：

第一，求随机变量的均值：

$$E(G_i) = \frac{1}{n} \sum_{i=1}^{n} Z_{ij} \tag{4-6}$$

第二，求 G_i 的均方差：

$$\sigma(G_j) = \sqrt{\sum_{i=1}^{n} (Z_{ij} - E(G_1))^2} \tag{4-7}$$

第三，求指标 G_j 的权系数：

$$W_j = \frac{\sigma(G_j)}{\sum\limits_{j=1}^{m} \sigma(G_j)} \tag{4-8}$$

第四，进行多指标决策与排序：

$$D_i(W) = \sum\limits_{j=1}^{m} Z_{ij} W_j \tag{4-9}$$

根据均方差赋权法的基本思路和计算步骤，就可算出各测评指标的均方差，即为各测评指标的权重。

（三）自主创新政策绩效的实际测度与统计分析

根据自主创新政策绩效的测度模型，可以计算出自主创新政策绩效各个测评指标的具体得分，并据此计算出总的自主创新政策绩效。本书运用 SPSS-20.0 统计分析软件先计算出各个测评指标的平均得分即均值，然后根据均差赋权法得出自主创新政策绩效指标权重，分别由上式测度模型测算出自主创新政策的总体绩效水平及经济性绩效、效率性绩效、效益性绩效和公平性绩效的实际水平（表 4-7）。同时，还可以比较分析自主创新政策在不同地区、不同企业类型、不同企业规模的实施绩效水平情况。

表 4-7 基于均差赋权法的自主创新政策绩效测评结果统计表

	项目	均值	权重	绩效	百分制绩效
经济性	创新投入	4.028	0.939	3.782	75.64
	风险成本	3.960	0.883	3.494	69.88
	机会成本	3.692	0.847	3.129	62.58
	经济性绩效			10.405	69.37
效率性	创新协调性	3.769	0.941	3.547	70.94
	资源配置率	3.943	0.877	3.458	69.16
	成果转化率	3.879	0.951	3.687	73.74

项目		均值	权重	绩效	百分制绩效
效率性	效率性绩效			10.692	71.28
效益性	社会效益	3.636	0.940	3.416	68.32
	环境效益	3.717	1.004	3.733	74.66
	经济效益	3.822	1.101	4.208	84.16
	效益性绩效			11.357	75.71
公平性	内容公平	3.381	1.013	3.423	68.46
	实施公平	3.538	1.062	3.757	75.14
	监管公平	3.441	0.960	3.305	66.10
	公平性绩效			10.485	69.90
总绩效				42.939	71.57

资料来源：根据式（4-1）~式(4-9) 计算所得，并折合成百分制

（1）总体绩效及单项绩效评价

从表4-7可以看出，我国自主创新政策实施的总体绩效折合百分制为71.57，处于中等偏上水平。在"4E"绩效评价框架中，自主创新政策的效益性绩效得分最高（75.14），其次是效率性绩效（71.28），而公平性绩效（69.90）和经济性绩效（69.37）相对较低。根据表4-7各单项绩效得分情况，绘制了如图4-2所示的各单项绩效图。图4-2显示，绩效得分最高的是效益性绩效方面的经济效益指标，达84.16，表明自主创新政策对于推动企业发展发挥了积极有效的作用；而绩效得分最低是经济性绩效方面的机会成本指标，仅为62.58，在一定程度上反映了自主创新政策对于解决企业因创新研发投入而导致现金流或销售暂时短缺的问题相对不是很理想，进一步优化政策时应着重考虑和关注。

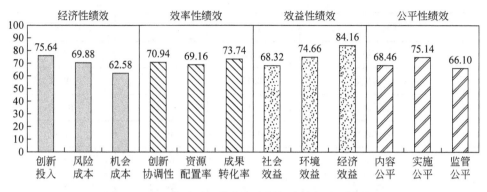

图 4-2　基于均差赋权法的自主创新政策各单项绩效图

（2）东、中、西部地区绩效差异评价

对不同地区的自主创新政策实施绩效测评统计结果（表 4-8）显示，总体来看，东部地区的实施绩效水平相对高些，达 72.63；其次是中部地区，为 71.66；而西部地区的绩效水平相对较低，为 65.89。从自主创新政策的经济性绩效来看，东部地区和中部地区处于中等偏上水平，分别为 73.44 和 70.54，东部相对较高，而西部地区明显偏低，仅为 58.21，处于中等偏下水平。从效益性绩效来方面看，东部和中部也相对偏高，分别为 73.73 和 70.90，西部地区相对较低，为 61.94。从效率性绩效方面来看，东部、中部和西部的绩效水平相差不大，分别为 74.97、74.48 和 74.00。从公平性绩效方面来看，中部地区相对偏高，绩效水平为 70.71；其次是西部地区，为 69.39；而东部地区相对偏低，仅为 68.37。

表 4-8　基于均差赋权法的不同地区的自主创新政策实施绩效测评结果

	项目	东部	中部	西部
经济性	创新投入	82.23	72.04	61.68
	风险成本	70.35	73.75	62.02
	机会成本	67.74	65.84	50.93
	经济性绩效	73.44	70.54	58.21

项目		东部	中部	西部
效率性	创新协调性	72.28	71.69	65.42
	资源配置率	70.72	68.35	59.89
	成果转化率	78.19	72.65	60.50
	效率性绩效	73.73	70.90	61.94
效益性	社会效益	68.11	62.73	67.29
	环境效益	72.55	74.62	76.35
	经济效益	84.25	86.08	78.35
	效益性绩效	74.97	74.48	74.00
公平性	内容公平	67.56	66.73	68.26
	实施公平	73.31	72.21	79.36
	监管公平	64.23	73.20	60.54
	公平性绩效	68.37	70.71	69.39
总绩效		72.63	71.66	65.89

资料来源：根据式（4-1）~式(4-9) 计算所得结果折合成百分制

(3) 不同企业类型绩效差异评价

表 4-9 显示，无论是在总体绩效还是单项绩效方面，自主创新政策在不同类型的企业中实施的绩效均不尽相同，总的来看，作用于地市级高新技术企业和其他类企业的政策绩效水平相对较高，分别为 73.07 和 72.63；而作用于国家级高新技术企业和省级高新技术企业的政策绩效水平相对较低，分别为 66.44 和 65.33。在自主创新政策的经济性绩效上，其他类企业的绩效水平相对偏高，达 75.55；省级高新技术企业的绩效水平相对偏低，仅为 56.45。在自主创新政策的效率性绩效和效益性绩效上，地市级高新技术企业的绩效水平明显较高，分别达 81.89 和 83.17。在公平性绩效方面，省级高新技术企业的绩效水平相对偏高，为 71.36，而相对较低的是地市级高新技术企业，仅为 63.03。

表 4-9   基于均差赋权法的不同企业类型的自主创新政策实施绩效测评结果

	项目	国家级高新企业	省级高新企业	地市级高新企业	其他
经济性	创新投入	75.14	58.33	70.78	79.46
	风险成本	57.73	65.29	62.59	79.53
	机会成本	62.97	45.72	53.19	67.65
	经济性绩效	65.28	56.45	62.19	75.55
效率性	创新协调性	61.85	60.19	88.37	73.95
	资源配置率	61.97	59.37	68.85	71.96
	成果转化率	65.27	65.50	88.45	73.67
	效率性绩效	63.03	61.69	81.89	73.19
效益性	社会效益	65.31	74.85	63.04	66.73
	环境效益	66.33	81.48	87.40	74.46
	经济效益	73.52	59.11	99.08	82.14
	效益性绩效	68.39	71.81	83.17	74.44
公平性	内容公平	66.13	82.28	59.69	65.35
	实施公平	75.40	73.37	69.45	69.99
	监管公平	65.69	58.44	59.95	66.65
	公平性绩效	69.07	71.36	63.03	67.33
总绩效		66.44	65.33	73.07	72.63

资料来源：根据式（4-1）~式（4-9）计算所得结果折合成百分制

（4）不同企业规模绩效差异评价

从表 4-10 可以看出，自主创新政策实施绩效在不同企业规模中的绩效水平也存在明显的差异，员工在 300~500 人的企业中，政策的作用效果相对较好，总体绩效水平达 77.58；规模在 100~300 人以上的企业中，政策的作用效果相对一般，总体绩效水平为 65.65。从经济性绩效水平来看，规模在 100 人以下的企业，政策效果相对突出，绩效水平达71.67，而规模在100~300人的企业相对偏低，仅为63.21。在效率性和效益性绩效方面，政策在300~500人的企业发挥的作用效果较为明显，分别高达86.67和87.44；相对偏低的规模分别在100~300人和500人以上的企业，分别为60.90和69.08。从公平性绩效方面来看，绩效水平相对较高在500人以上规模的企业，达72.18；绩效水平相对较低在300~500人规模的企业，仅为63.78。

表4-10 基于均差赋权法的不同企业规模的自主创新政策实施绩效测评结果

项目		100人以下	100~300人	300~500人	500人以上
经济性	创新投入	79.66	66.59	78.35	73.98
	风险成本	68.90	63.23	69.91	75.24
	机会成本	66.44	59.82	65.05	54.37
	经济性绩效	71.67	63.21	71.10	67.86
效率性	创新协调性	74.95	61.56	85.53	65.29
	资源配置率	73.25	56.81	75.05	70.16
	成果转化率	74.31	64.32	99.43	66.90
	效率性绩效	74.17	60.90	86.67	67.45
效益性	社会效益	70.11	62.83	73.44	63.33
	环境效益	78.25	63.25	89.33	69.76
	经济效益	84.46	84.53	99.54	74.15
	效益性绩效	77.61	70.20	87.44	69.08
公平性	内容公平	67.63	66.86	65.41	69.56
	实施公平	72.04	72.38	75.51	80.64
	监管公平	67.40	65.65	50.42	66.34
	公平性绩效	69.02	68.30	63.78	72.18
总绩效		73.12	65.65	77.58	69.14

资料来源：根据式（4-1）~式(4-9)计算所得结果折合成百分制

四、基于主成分分析的自主创新政策绩效讨论

（一）主成分分析的基本原理

在开展多变量的政策绩效测评研究中，经常会遇到政策绩效测评变量个数和观测数据过多的问题。那么，如何将测评变量和观测数据进行处理，进而得到尽可能有用的信息，是政策评估研究中面临的一个必须解决的现实问题。然而，在数据的分析方法中，主成分分析能够将相同本质的变量归入一个公因子，以尽可能少的综合变量去描述原始的多个变量之间的相关关系。同时，采用主成分分析能够将分散而复杂的测评变量进行归类和简单化处理，以便能够很好地把握测评指标变量体系中内在隐含的因素，进而准确弄清复杂因子的主成分，以达到将测评变量简化和降维的目的。

早在1904年，英国著名的心理学家和统计学家斯皮尔曼（Spearman）就提出主成分分析法（principal component analysis）。主成分分析法是将多个变量经过线性变换以提出较少个数重要变量的一种多元统计分析方法（马庆国，2002），又称之为主分量分析，是多元统计分析最为重要的组成部分。主成分分析的示意图如图4-3所示，其中"+"表示观测点，假设有 n 个观测值 (x_{i1}, x_{i2})，$i=1, 2, 3, \cdots, n$。在主成分分析的过程中，首先找到一条关于 n 个观测变量 (x_{i1}, x_{i2}) 拟合直线，即 $\hat{x}_{i2} = a + bx_{i1}$，使得离差平方和 $Q = \sum_{i=1}^{n} (x_{i2} - \hat{x}_{i2})^2 = \sum_{i=1}^{n} (x_{i2} - a - bx_{i2})^2$ 最

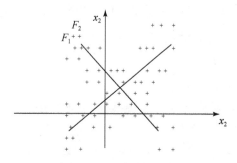

图4-3　主成分分析示意图

小，该条直线可称之为第一主成分（F_1）；接着，再计算出与第一主成分相互独立且与观测变量的垂直距离平方和最小的第二个主成分（F_2）。依此原理，若有 p 个变量，可以计算出 p 个主成分（费宇，2007）。

（二）主成分分析的主要步骤

根据主成分分析的基本原理，主成分分析的主要过程包括以下几个步骤：

第一，对测评指标的原始数据进行标准化处理。

设 $X = \{x_1, x_2, x_3, \cdots, x_p\}$ 为自主创新政策绩效测评的指标集，$Z = \{z_1, z_2, z_3, \cdots, z_p\}$ 为经过标准化处理后的测评指标集，x_{ij} 为第 i 个企业的第 j 项测评指标的原始数据，z_{ij} 为相应的经过标准化处理的测评指标数据值，其中：

$$z_{ij} = \frac{x_{ij} - \overline{x_j}}{s_j}, \quad \overline{x_j} = \frac{1}{n}\sum_{i=1}^{n} x_{ij},$$

$$s_j^2 = \frac{1}{n-1}\sum_{i=1}^{n}(x_{ij} - \overline{x_j})^2 (i = 1, 2, 3, \cdots, n; \quad j = 1, 2, 3, \cdots, p)$$

第二，以标准化得出的数值为依据，建立测评指标系数矩阵 R：

$$R = \begin{bmatrix} r_{11} & r_{12} & \cdots & r_{1p} \\ r_{21} & r_{22} & \cdots & r_{2p} \\ & \cdots & & \\ r_{p1} & r_{p2} & \cdots & r_{pp} \end{bmatrix}$$

第三，计算出系数的特征值与贡献率。

根据 R 的特征方程 $|R - \lambda I| = 0$，计算出 p 个特征值 $\lambda_1 \geq \lambda_2 \geq \cdots \geq \lambda_p$，相应的特征向量 $u_1, u_2, u_3, \cdots, u_p$ 其中 $u_i = (u_{i1}, u_{i2}, u_{i3}, \cdots, u_{ip})$ $(i = 1, 2, 3, \cdots, p)$。

从而得到 p 个主成分：

$$Y_i = u_{i1}x_1 + u_{i2}x_2 + u_{i3}x_3 + \cdots + u_{ip}x_p (i = 1, 2, 3, \cdots, p) \qquad (4\text{-}10)$$

式中，第 i 个主成分 Y_i 的特征值 λ_i 也就是该主成分的方差，方差越大，那么对总变差的贡献也就会越大，其贡献率为 $\alpha_i = \lambda_i \Big/ \sum_{j=1}^{p} \lambda_j$。

第四，将每个主成分的贡献率作为权数，构造自主创新政策绩效综合测度模型：

$$F = \alpha_1 Y_1 + \alpha_2 Y_2 + \alpha_3 Y_3 + \cdots + \alpha_p Y_p \qquad (4\text{-}11)$$

式（4-11）也可以看成是自主创新政策绩效的综合测评指标，把第 p 项测评指标的得分进行标准化后代入式（4-10），就可以计算出该主成分的值，即为主成分的得分，由式（4-11）即可计算出自主创新政策绩效的综合测度模型值，综合得分越高，表明自主创新政策绩效水平就越高；反之，则越低。

（三）主成分分析的结果讨论

以回收得到的 247 份有效问卷为数据来源，运用 SPSS-20.0 软件对自主创新政策绩效调查的数据进行因子分析，采取主成分分析法，共提取的特征大于 1 的主成分共有两个，从而得到相关系数矩阵、特征值和特征向量、方差贡献率、主成分负载等，主要分析结果如表 4-11、表 4-12 所示。从表 4-11 可看出，特征值大于 1 的主成分共有两个，累计方差贡献率达 62.815%。因此，可以用主成分 F_1 和 F_2 代表原来的"4E"评价框架下 12 项测评自主创新政策绩效指标，这两个主成分也能够有效地反映所有测评指标的信息，而且 F_1 和 F_2 互不相关，从而避免了测评指标信息重复的问题。表 4-12 给出了采取方差最大旋转后的因子负荷矩阵，各个测评指标按照放置后的负荷系数高低进行排列。然而，因子负荷矩阵是各因子在各个测评指标上的载荷，即为各因子对各测评指标的影响度。

表 4-11　总方差解释表 b

主成分	初始特征值			提取平方和载入			旋转平方和载入		
	合计	方差的%	累积%	合计	方差的%	累积%	合计	方差的%	累积%
F_1	6.282	52.351	52.351	6.282	52.351	52.351	3.858	32.148	32.148
F_2	1.256	10.464	62.815	1.256	10.464	62.815	3.680	30.667	62.815
F_3	0.782	6.520	69.336						
F_4	0.620	5.165	74.500						

主成分	初始特征值			提取平方和载入			旋转平方和载入		
	合计	方差的%	累积%	合计	方差的%	累积%	合计	方差的%	累积%
F_5	0.546	4.546	79.046						
F_6	0.495	4.128	83.174						
F_7	0.471	3.924	87.098						
F_8	0.416	3.468	90.565						
F_9	0.360	3.003	93.568						
F_{10}	0.316	2.633	96.201						
F_{11}	0.269	2.244	98.445						
F_{12}	0.187	1.555	100.000						

资料来源：SPSS-20.0 统计分析输出结果

表 4-12　旋转后的因子负荷矩阵表

测评题项	主成分	
	直接绩效（F_1）	间接绩效（F_2）
有效使用自主创新政策能够有效降低企业自主创新的风险	0.835	0.143
自主创新政策对企业的研发投入具有一定的激励作用	0.827	0.073
自主创新政策有利于本企业将各部门目标整合到自主创新工作上	0.712	0.390
自主创新政策能够提高本企业获取和利用自主创新资源的能力	0.616	0.590
自主创新政策在一定程度上解决了本企业因研发投入而导致现金流或销售暂时短缺的问题	0.608	0.285
自主创新政策对促进科技成果转化发挥了积极有效的作用	0.595	0.576
自主创新政策兼顾了各方面利益、照顾了各方关切	0.205	0.799
自主创新政策对本企业和其他同行企业都具有普遍约束力	0.182	0.763
本企业享受与同行业其他企业一样的自主创新优惠政策	0.065	0.748

测评题项	主成分	
	直接绩效（F_1）	间接绩效（F_2）
自主创新政策颁布实施在一定程度上缓解了严峻的就业形势	0.381	0.657
本企业的发展离不开自主创新政策的支持	0.470	0.606
自主创新政策对于推动环保节能事业发挥着积极的建设性作用	0.493	0.583

资料来源：SPSS-20.0 统计分析输出结果

一般认为，政策绩效是指一定时期内的某种政策在特定作用领域的成绩与效益，主要包括直接绩效和间接绩效两个方面，直接绩效可以理解为政策产出，是政策作用于政策适用对象的直接结果，通过政策适用对象表现出来的各种行为或产出结果，直接体现出来的、仅与政策作用有关的贡献；间接绩效也可以理解为政策影响，是指那些不仅与该政策作用有关，还与其政策作用和非政策作用相关的贡献。从表4-13可以看出，第一个主成分上的测评题项负荷系数比较高的大多与自主创新政策作于自主创新主体的实际产出息息相关、紧密联系，大部分结果均可看做是自主创新政策的重要贡献，因此将第一个主成分命名为"政策直接绩效"；第二主成分上的测评题项负荷系数比较高的大多反映自主创新政策实施过程中带来的意外效果，这些意外效果不仅仅有自主创新政策作用的贡献，还离不开其他政策和非政策因素的作用，因此将该主成分命名为"政策间接绩效"。这样一来，将自主创新政策绩效划分为直接绩效和间接绩效，不仅内涵明确、界定清晰，操作起来还比较简便。

表4-13　因子得分矩阵表

测评题项	主成分	
	直接绩效（F_1）	间接绩效（F_2）
有效使用自主创新政策能够有效降低企业自主创新的风险	0.363	−0.199
自主创新政策对企业的研发投入具有一定的激励作用	0.381	−0.229

测评题项	主成分	
	直接绩效（F_1）	间接绩效（F_2）
自主创新政策有利于本企业将各部门目标整合到自主创新工作上	0.224	−0.045
自主创新政策能够提高本企业获取和利用自主创新资源的能力	0.113	0.079
自主创新政策在一定程度上解决了本企业因研发投入而导致现金流或销售暂时短缺的问题	0.206	−0.06
自主创新政策对促进科技成果转化发挥了积极有效的作用	0.108	0.079
自主创新政策兼顾了各方面利益、照顾了各方关切	−0.154	0.307
自主创新政策对本企业和其他同行企业都具有普遍约束力	−0.154	0.298
本企业享受与同行业其他企业一样的自主创新优惠政策	−0.206	0.328
自主创新政策颁布实施在一定程度上缓解了严峻的就业形势	−0.023	0.185
本企业的发展离不开自主创新政策的支持	0.037	0.133
自主创新政策对于推动环保节能事业发挥着积极的建设性作用	0.056	0.115

资料来源：SPSS-20.0统计分析输出结果

（1）不同地区绩效差异评价

根据表4-14结果显示，我国自主创新政策实施绩效的标准化分数为0.569，处于中等偏上水平。其中，东部地区的总体绩效水平相对较高，高于全国的平均水平，其标准化分数为0.608，而中部和西部地区的总体绩效水平相对较低，标准化分析分别为0.561和0.543，这与上述均差赋权法分析结果基本一致。从单向绩效来看，整体上我国自主创新政策的直接绩效相对较高，标准化分数为0.625，东部和中部的直接绩效水平均超过全国的平均水平，标准化分数分别为0.668和0.629；在自主创新政策的间接绩效上，仅有东部的绩效水平（0.595）高于全国的平均水平（0.558）。另外，表4-15和表4-16的方差分析结果显示，不同地区的自主创新政策总体实施绩效和间接绩效不存在显著性的差异，其中 *F*

值分别为 2.906 和 1.881，显著性水平为 0.057 和 0.155，均大于 0.05 的显著性水平。可是，表 4-17 显示，不同地区的自主创新政策直接绩效却存在显著性的差异，F 值为 4.499，显著性水平为 0.012<0.05。其中，从表 4-18 可以看出，东部地区的自主创新政策直接绩效标准化分数显著性地高于西部地区，显著性水平为 0.003。

表 4-14 基于主成分分析的不同地区的自主创新政策绩效标准化分数

地区分布	直接绩效（F_1）	间接绩效（F_2）	总体绩效（F）
东部	0.668	0.595	0.608
中部	0.629	0.547	0.561
西部	0.578	0.535	0.543
全国	0.625	0.558	0.569

资料来源：根据式（4-13）、式（4-14）和式（4-15）计算所得结果进行数据标准化处理

表 4-15 不同地区的自主创新政策总体绩效标准化分数方差分析表

项目	平方和	自由度	均方	F 值	P 值
组间	0.175	2	0.087	2.906	0.057
组内	7.341	244	0.030		
总计	7.516	246			

资料来源：SPSS-20.0 方差分析输出结果

表 4-16 不同地区的自主创新政策间接绩效标准化分数方差分析表

项目	平方和	自由度	均方	F 值	P 值
组间	0.159	2	0.080	1.881	0.155
组内	10.327	244	0.042		
总计	10.486	246			

资料来源：SPSS-20.0 方差分析输出结果

表 4-17　不同地区的自主创新政策直接绩效标准化分数方差分析表

项目	平方和	自由度	均方	F 值	P 值
组间	0.306	2	0.153	4.499	0.012
组内	8.304	244	0.034		
总计	8.611	246			

资料来源：SPSS-20.0 方差分析输出结果

表 4-18　不同地区的自主创新政策直接绩效标准化分数多重比较

项目	(I) 维度	(J) 维度	均值差 (I-J)	标准误	显著性	95% 置信区间	
						下限	上限
LSD	东部	中部	0.039	0.029	0.170	−0.017	0.096
		西部	0.089	0.030	0.003	0.030	0.148
	中部	东部	−0.039	0.029	0.170	−0.096	0.017
		西部	0.050	0.028	0.079	−0.006	0.106
	西部	东部	−0.050	0.028	0.079	−0.106	0.006
		中部	−0.089	0.030	0.003	−0.148	−0.030

资料来源：SPSS-20.0 方差分析输出结果

（2）不同企业类型绩效差异评价

从表 4-19 可以看出，自主创新政策在地市级高新技术企业的总体实施效果相对较好，标准分数为 0.618，其次是其他类型企业和省级高新技术企业，标准化分数分别为 0.615 和 0.614；而在国家级高新技术企业中的总体实施效果相对较差，标准分数为 0.515，这一结果跟上述均差赋权法的分析结果也基本吻合。在自主创新政策的间接绩效上，作用于省级高新技术企业、地市级高新技术企业和其他类企业的绩效水平相差不大，标准分数分别为 0.615、0.611 和 0.615，而作用于国家级高新技术企业的绩效水平相对较低，标准化分数仅为 0.491。在自主创新政策的直接绩效方面，国家级高新技术企业、省级高新技术企业、地市级高新技术企业和其他类企业的绩效水平相差不大，标准分数分别为 0.627、

0.611、0.650 和 0.620。通过方差分析结果（表 4-20 和表 4-21）发现，作用于不同企业类型的自主创新政策总体绩效和间接绩效水平均存在着显著性的差异，其中 F 值分别为 7.430 和 7.818，显著性水平均为 0.000<0.05。另外，表 4-22 显示，作用于不同企业类型的自主创新政策的直接绩效不存在显著性差异，其中 F 值为 0.362，显著性水平为 0.780>0.05。

表 4-19　基于主成分分析的不同企业类型的自主创新政策绩效测评标准化分数

企业类型	直接绩效（F_1）	间接绩效（F_2）	总体绩效（F）
国家级高新技术企业	0.627	0.491	0.515
省级高新技术企业	0.611	0.615	0.614
地市级高新技术企业	0.650	0.611	0.618
其他	0.620	0.615	0.615

资料来源：根据式（4-13）、式（4-14）和式（4-15）计算所得结果进行数据标准化处理

表 4-20　不同企业类型的自主创新政策总体绩效方差分析表

项目	平方和	自由度	均方	F 值	P 值
组间	0.632	3	0.211	7.430	0.000
组内	6.885	243	0.028		
总计	7.516	246			

资料来源：SPSS-20.0 方差分析输出结果

表 4-21　不同企业类型的自主创新政策间接绩效方差分析表

项目	平方和	自由度	均方	F 值	P 值
组间	0.923	3	0.308	7.818	0.000
组内	9.563	243	0.039		
总计	10.486	246			

资料来源：SPSS-20.0 方差分析输出结果

表 4-22　不同企业类型的自主创新政策直接绩效方差分析表

项目	平方和	自由度	均方	F 值	P 值
组间	0.038	3	0.013	0.362	0.780
组内	8.572	243	0.035		
总计	8.611	246			

资料来源：SPSS-20.0 方差分析输出结果

（3）不同企业规模绩效差异评价

表 4-23 显示，自主创新政策在不同企业规模的总体实施绩效水平相差不是很大，规模在 300～500 人的企业总体绩效相对略高，标准分数为 0.595；其次是规模在 100 人以下、500 人以上和 100～300 人的企业，标准化分数分别为0.576、0.564 和 0.541，这一结果跟上述均差赋权法的计算结果也相对吻合。在自主创新的间接绩效和直接绩效方面，作用于不同企业规模的政策绩效也差距不大，总体来看直接绩效要略高于间接绩效 1 百分点左右。通过方差分析发现，结果如表 4-24～表 4-26 所示，无论是在自主创新政策的总体绩效上，还是在间接绩效和直接绩效上，作用于不同企业类型的自主创新政策绩效均不存在显著性的差异，其中 F 值分别为 1.071 、0.791 和 1.250，显著性水平均大于 0.05。

表 4-23　基于主成分分析的不同企业规模的自主创新政策实施绩效测评结果

企业规模	直接绩效（F_1）	间接绩效（F_2）	总体绩效（F）
100 人以下	0.645	0.561	0.576
100～300 人	0.608	0.528	0.541
300～500 人	0.633	0.588	0.595
500 人以上	0.621	0.550	0.564

资料来源：根据式（4-13）、式（4-14）和式（4-15）计算所得结果进行数据标准化处理

表 4-24   不同企业规模的自主创新政策总体绩效方差分析表

项目	平方和	自由度	均方	F 值	P 值
组间	0.098	3	0.033	1.071	0.362
组内	7.418	243	0.031		
总计	7.516	246			

资料来源：SPSS-20.0 方差分析输出结果

表 4-25   不同企业规模的自主创新政策间接绩效方差分析表

项目	平方和	自由度	均方	F 值	P 值
组间	0.101	3	0.034	0.791	0.500
组内	10.385	243	0.043		
总计	10.486	246			

资料来源：SPSS-20.0 方差分析输出结果

表 4-26   不同企业规模的自主创新政策直接绩效方差分析表

项目	平方和	自由度	均方	F 值	P 值
组间	0.131	3	0.044	1.250	0.292
组内	8.480	243	0.035		
总计	8.611	246			

资料来源：SPSS-20.0 方差分析输出结果

第五章　自主创新政策质量与执行力
对政策绩效的影响研究

自主创新政策在尚未实施前仍是一种一定意义上的计划方案，其绩效必须经过实际的执行过程方能发挥和体现，制定得再好的自主创新政策也必须通过有效的执行方可保证预期效果和目标的实现。而政策绩效往往要受到诸多因素的影响和制约，其中政策制定科学与否，对政策的执行效果至关重要（丁煌，2002b）。同时，政策科学之父哈罗德·拉斯维尔于1951年指出，相对于其他影响因素来说，政策过程更能影响政策的效果。为此，本书基于政策过程的视角，采用路径分析方法，重点研究考察自主创新政策质量与执行力对政策绩效的实际影响及其影响机理。

第一节　自主创新政策质量与执行力
对政策绩效的影响机理

本节在第二章对创新政策绩效评估及影响因素探讨的基础上，清晰界定各研究变量的概念内涵，同时结合以往相关研究理论基础，着重提出自主创新政策质量与政策执行力对政策绩效影响的研究假设，构建实证研究理论模型。

一、自主创新的政策质量与政策绩效

政策过程主要包括政策的制定、政策的执行、政策的评估、政策的监控以及政策终结等（陈振明，2002）。其中，政策制定属于政策过程的首要阶段，是指

从政策问题界定到政策方案或计划选择以及合法化的过程，该过程成为政策过程的核心。然而，政策质量的高低却往往与政策制定过程紧密联系在一起（江明生，2007）。因此，本书所探讨的政策质量，也就是政策制定的质量。可以说，政策质量如同政策的生命。从收益-成本的角度来看，几乎所有质量不是很高的政策，其运行成本、交易成本或社会损耗都会变得很高。同时，质量不高的政策，由于其社会认同度低而增加政策损耗，从而影响公共行政和公共管理的质量，降低执政绩效，甚至危及公共权威的合法性基础（秦德君，2007）。基于此，本书认为：

H_1：自主创新政策质量对政策绩效具有显著的正向影响。

根据 Scartascini 等（2013）的研究，在政策制定阶段，政策质量具有稳定性、适应性、协调性、连续性等方面的特征。同时，从第四章的主成分分析发现，自主创新政策绩效主要包括政策直接绩效和政策间接绩效两个方面。为此，下面将重点阐述自主创新政策质量包括的各个维度对政策直接绩效与政策间接绩效的作用机理，并提出相应细化的研究假设。

稳定的政策拥有更为合理的政策结构，使得政策体系有序化，从而最大限度地发挥政策的整体效能。稳定的政策并不意味着政策一点都不能改变，而是能够对经济状况的变化以及先前政策的失败作出回应，不随着政权或其他政治冲击而改变（Scartascini et al.，2013）。因此，有研究发现，政策不稳定性会抑制政策的技术绩效（程华和钱芬芬，2013）。据此，本书提出如下假设：

H_{1a}：自主创新政策的稳定性对政策直接绩效具有显著的正向影响。

H_{1b}：自主创新政策的稳定性对政策间接绩效具有显著的正向影响。

政策适应性是指政策工具措施不仅能够适应当时的环境，而且能够随着环境的变化而变化（刘圣中，2010）。政策适应性主要来自两个方面的阻碍，一是政策制定过程中容易出现的僵局，二是为了防止政策操作中的投机取巧而墨守成规。然而，低适应性导致政策不能对一些冲击性的情况作出充分的回应，缺乏长期性的最优政策（Scartascini et al.，2013）。奥斯特诺姆等（2000）对基础设施研究发现，如果制度安排不能对环境作出反应，那么基础设施的可持续性就很可能会遭到破坏。基于此，本书提出以下假设：

H_{1c}：自主创新政策适应性对政策直接绩效具有显著的正向影响。

H_{1d}：自主创新政策适应性对政策间接绩效具有显著的正向影响。

政策的协调性主要体现在两个方面，一方面是指政策与政策之间的协调性，另一方面是指政策工具之间的协调性。Scartascini 等（2013）认为，政策通常是在政策制定过程中多方博弈的结果，尽管各方应该整合他们的行为以创造协调一致的政策，但是这很少发生，最终结果往往是政策"巴尔干化"。不具有协调性的政策在实施过程中会导致不同政策或不同政策工具的目标冲突，即在实现一个政策目标的同时，另一个政策目标恶化。因此，不具有协调性的政策将直接影响政策的实施效应（洪涛，2013）。基于此，本书提出以下假设：

H_{1e}：自主创新政策协调性对政策直接绩效具有显著的正向影响。

H_{1f}：自主创新政策协调性对政策间接绩效具有显著的正向影响。

政策连续性主要指政策影响力在时间上具有的延续性。刘海波和靳宗振（2011）研究认为，在制定科技政策时，与教育政策、产业政策、经济政策的关系是必须要考虑的，同时过去的科技政策也是必须要考虑的。隋映辉（1988）则认为，"封闭""断裂"的政策体，难以促使政策的逐级推移，因而无法使政策长效力地积极发挥作用。据此，可以提出以下研究假设：

H_{1g}：自主创新政策连续性对政策直接绩效具有显著的正向影响。

H_{1h}：自主创新政策连续性对政策间接绩效具有显著的正向影响。

二、自主创新政策执行力的中介作用

政策制定是政策过程中的首要环节，而确保政策质量则是政策执行的必要前提和重要基础（潘洪涛，2008）。政策质量除了可以直接作用于政策绩效外，还可以通过政策执行作用于政策绩效。政策执行力作为政策执行的关键因素，自主创新政策质量同样可以通过政策执行力的中介作用间接影响自主创新政策绩效。

政策执行本身就是一个比较复杂的过程，政策执行的效果往往受到多方面因素的影响和制约，其中政策制定得科学与否直接影响到政策执行效果（刘圣中，2010）。近年来，政策学界对政策执行问题进行了广泛的研究，但对于政策执行力的概念尚未形成清晰的共识，如国内学者莫勇波（2005）认为，政策执行力是指政策执行部门能够通过组织协调各种资源，包括对人、财、物、信息、制度、法律等资源的调配与使用，进而完成和实现政策既定目标的能力和力量；周国雄（2007）认为，政策执行力就是政策执行主体为达到一定的政策目标，通过对各种政策资源的调度、控制和使用，有效地执行政策的能力和效力。一般来说，政策方案很难避免其本身存在的缺陷，且政策理想与现实条件是存在差距的，新的政策方案与原有政策不配套抑或与法律法规产生冲突，都会导致政策执行的失败或无法达到理想的效果，从而影响政策执行力的提升（杨妮娜，2011）。

根据上述讨论，可以提出以下研究假设：

H_2：自主创新政策质量对政策执行力具有显著的正向影响。

H_{2a}：自主创新政策稳定性对政策执行力具有显著的正向影响。

H_{2b}：自主创新政策适应性对政策执行力具有显著的正向影响。

H_{2c}：自主创新政策协调性对政策执行力具有显著的正向影响。

H_{2d}：自主创新政策连续性对政策执行力具有显著的正向影响。

政策执行力对于政策执行乃至整个政策过程的影响无疑是直接而深刻的，良好的政策执行力，既是实现政策目标的可靠保障，也是发挥政策效能的有力砝码（丁煌和李晓飞，2013）。如果政策执行不力或不当，非但不能解决原有的公共问题，而且会使原有的问题更加恶化，引发新的危机（于凤荣和王殿春，1995）。张凌和王为（2008）研究发现，黑龙江省的技术创新政策在执行过程中由于执行力度不够，导致政策效果没有得到很好的发挥；罗山等（2010）通过对珠海经济特区自主创新政策体系进行实证评估发现，知识产权保护政策和高新技术产业扶持政策的执行效率是影响高新区和大学园区专项政策实施效果的原因；2011 年，福建省人民政府发展研究中心课题组经过调研发现，强化政策的执行力，能够提高技术创新政策效果。据此，针对自主创新政策，本书提出以下研究假设：

H_3：自主创新政策执行力对政策绩效具有显著的正向影响。

H_{3a}：自主创新政策执行力对政策直接绩效具有显著的正向影响。

H_{3b}：自主创新政策执行力对政策间接绩效具有显著的正向影响。

三、"Q-E-P"作用机理理论模型构建

本章从政策过程的视角出发，在上述两节讨论的基础上，进一步对以往研究文献进行系统的调研与分析，根据第四章对自主创新政策绩效测评的主成分分析将自主创新政策绩效划分为政策直接绩效和政策间接绩效，以 Scartascini 等（2013）提出的政策质量特征（稳定性、适应性、协调性和连续性）作为识别自主创新政策质量的关键维度，借鉴 Edwards Ⅲ 和 George（1980）对政策执行力的观点考察自主创新政策执行力，深入地剖析了自主创新政策质量对政策绩效的直接作用机理，以及自主创新政策质量通过政策执行力对政策绩效的间接作用机理。通过推导论证，本书提出三大假设，并构建自主创新政策质量（quality）与政策执行力（execution）对政策绩效（performance）的作用机理模型（简称"Q-E-P"作用机理模型），如图 5-1 所示。自主创新政策的质量越高，执行力越强，从而越能够提高自主创新政策绩效。也就是说，良好的自主创新政策质量不仅能够直接影响自主创新政策的绩效水平，还可以通过增强自主创新政策执行力进一步提高自主创新政策的绩效水平。

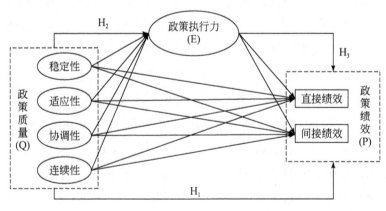

图 5-1　"Q-E-P"作用机理理论模型图

第二节　自主创新政策质量与政策执行力的
实证测评与统计分析

在对自主创新政策质量与政策执行力讨论的基础上，本节将结合以往相关研究文献，重点编制自主创新政策质量与自主创新政策执行力的测评量表，以实证的问卷调查结果为数据来源，对自主创新政策质量与自主创新政策执行力的测评结果进行统计分析。

一、自主创新政策质量与政策执行力的测评量表编制

在上述对政策质量的讨论中明显可以看出，政策质量是政策过程中政策制定阶段不可忽视的重要内容。高质量的自主创新政策，不仅是自主创新政策制定的目标选择，也是自主创新政策得以顺利推行实施的前提和基础。在对以往相关研究文献进行调研和梳理的过程中，尚未发现有关政策质量的测评量表。为此，本书以 Scartascini 等（2013）提出的政策质量特征（稳定性、适应性、协调性和连续性）作为识别我国自主创新政策质量的关键测评维度，并通过系统的文献调研，提出自主创新政策质量各个维度的测评内容，具体测评题项内容如表 5-1 所示。同时，采用李克特五点量表对自主创新质量进行实证测评，具体测评量表问卷详见附录。

表 5-1　自主创新政策质量的度量

维度	测评题项	文献来源
稳定性	自主创新政策的频繁调整比较少见	Scartascini 等（2013）；Siune（2005）；程华和钱芬芬（2013）
	很少出现有效期内的自主创新政策废弃现象	
	本企业很少因为自主创新政策调整产生烦恼	

维度	测评题项	文献来源
适应性	过去调整自主创新政策是为了改善创新环境	Scartascini 等（2013）；Siune（2005）；刘圣中（2010）
	当前的自主创新政策比较符合本企业的实际需要	
	当前的自主创新政策能够适应创新环境发展变化	
协调性	自主创新政策与其他政策之间不存在相互冲突	Scartascini 等（2013）；Graversen 和 Siune（2008）；刘海波和靳宗振（2011）；赵莉晓（2014）
	不同类型的自主创新政策措施没有发生抵触现象	
	不同部门制定的自主创新政策作用目标比较一致	
连续性	先后制定实施的自主创新政策比较连贯	Scartascini 等（2013）；丁煌（2002a）；赵莉晓（2014）
	自主创新政策的各种配套措施比较到位	
	自主创新的短期政策与长期政策衔接得比较好	

从政策过程研究来看，只有得到有效贯彻和落实的政策，才能发挥其应有的积极性作用。自主创新政策执行力是衡量自主创新政策过程中政策执行效果的重要指标，不仅反映在自主创新政策的宣传上，还表现在自主创新政策执行人员的工作能力以及有关政策执行职责部门之间的协调配合情况。为此，基于上述对政策执行力的讨论，本书以 Edwards Ⅲ 和 George（1980）提出的政策执行力模型①为基础，结合以往相关政策执行力研究文献，对自主创新政策执行力进行度量，具体测评题项如表 5-2 所示。此外，本书也采用李克特五点量表对自主创新执行力进行实证测评，具体测评量表问卷详见附录。

---

① 在 Edwards Ⅲ 和 George（1980）提出的政策执行力模型中，将政策执行力划分为四个维度，包括沟通、资源、执行者意向和组织结构。

表 5-2 自主创新政策执行力的度量

维度	测评题项	文献来源
执行力	自主创新政策的有关宣传工作做得比较到位	Edwards Ⅲ 和 George （1980）；van Hom 和 van Meter（1976）；Scartascini 等（2013）；赵莉晓（2014）
	政策执行人员对自主创新政策内容的认识比较深刻	
	激励自主创新的政策执行人员工作能力比较强	
	自主创新政策的不同执行权责部门之间密切配合	

二、自主创新政策质量与政策执行力的测评量表检验

为了保证问卷具有较高的可靠性和有效性，应当对自主创新政策质量与政策执行力的测评量表进行信度检验（reliability tests）和效度检验（validity tests）。以实证调查的 247 份有效问卷（被调查的基本情况详见第四章）作为数据来源，运用 SPSS-20.0 统计分析软件对样本数据进行信度检验，结果（表5-3）显示，自主创新政策质量测评量表的总体 Cronbach α 系数为 0.926>0.7，稳定性、适应性、协调性和连续性等维度的 Cronbach α 系数分别为 0.743、0.755、0.804 和 0.895，也均大于 0.7；自主创新政策执行力测评量表的 Cronbach α 系数为 0.923>0.7。另外，采用折半信度分析，得到自主创新政策质量测评量表的 Cronbach α 系数分别为 0.841 和 0.904，自主创新政策执行力测评量表的 Cronbach α 系数分别为 0.858 和 0.856，也均大于 0.7。由此可以认为，自主创新政策质量与政策执行力的测评量具有良好的信度。

表 5-3 自主创新政策质量与执行力测评量表的内部一致性信度（α 系数）

项目	政策质量测评量表					政策执行力测评量表
	总体	稳定性	适应性	协调性	连续性	执行力
α	0.926	0.743	0.755	0.804	0.895	0.923

资料来源：SPSS-20.0 统计分析输出结果

从 KMO 和巴特莱特球形检验结果（表5-4 和表5-5）可以看出，自主创新政

策质量与政策执行力测评量的 KMO 值分别为 0.927 和 0.836，巴特莱特球形检验 p 值均为 0.000，小于 1%。另外，从表 5-6 可以看出，自主创新政策质量的 4 个公因子被识别出来，政策稳定性、适应性、协调性和连续性等四个变量的题项均分别归入同一因子，总体方差贡献率达 69.52%；同时，表 5-7 显示，自主创新政策执行力的 4 项题项纳入到了同一因子，因子特征值的总体方差贡献率达 81.28%。由此进一步表明，自主创新政策质量与政策执行力的测评量具有良好的效度，因子分析结果甚为理想。

表 5-4　自主创新政策质量测评结果的 KMO 和巴特莱特球形检验

KMO 值		0.927
Bartlett 的球形度检验	近似卡方值	1442.734
	自由度	66
	显著性水平	0.000

资料来源：SPSS-20.0 统计分析输出结果

表 5-5　自主创新政策执行力测评结果的 KMO 和巴特莱特球形检验

KMO 值		0.836
Bartlett 的球形度检验	近似卡方值	639.718
	自由度	6
	显著性水平	0.000

资料来源：SPSS-20.0 统计分析输出结果

表 5-6　自主创新政策质量探索性因子分析结果

维度	题项	共同因子			
		1	2	3	4
稳定性	自主创新政策频繁调整的现象比较少见	0.306	0.703	0.164	0.326
	很少出现有效期内的自主创新政策废弃现象	0.195	0.679	0.427	0.156
	本企业很少因为自主创新政策调整产生烦恼	0.162	0.694	0.151	0.400

维度	题项	共同因子			
		1	2	3	4
适应性	过去调整自主创新政策是为了改善创新环境	0.307	0.114	0.779	0.271
	当前的自主创新政策比较符合本企业的实际需要	0.175	0.193	0.822	0.269
	当前的自主创新政策能够适应创新环境发展变化	0.325	0.248	0.776	0.118
协调性	自主创新政策与其他政策之间不存在相互冲突	0.692	0.390	0.223	0.148
	不同类型的自主创新政策措施没有发生抵触现象	0.564	0.481	0.025	0.373
	不同部门制定的自主创新政策作用目标比较一致	0.781	0.231	0.130	0.225
连续性	先后制定实施的自主创新政策比较连贯	0.211	0.225	0.207	0.807
	自主创新政策的各种配套措施比较到位	0.129	0.316	0.374	0.709
	激励自主创新的短期政策与长期政策衔接得比较好	0.166	0.245	0.440	0.704

资料来源：SPSS-20.0 统计分析输出结果

表5-7　自主创新政策执行力探索性因子分析结果

维度	题项	共同因子
		1
执行力	政策执行人员对自主创新政策内容的认识比较深刻	0.930
	自主创新政策的不同执行权责部门之间密切配合	0.913
	激励自主创新的政策执行人员工作能力比较强	0.889
	自主创新政策的有关宣传工作比较到位	0.873

资料来源：SPSS-20.0 统计分析输出结果

三、自主创新政策质量与政策执行力的测评结果分析

（一）自主创新政策质量的测评结果分析

表5-8 给出了所有调查样本在自主创新政策质量各测评题项上的描述性统计

分析结果。总的来看,我国自主创新质量处于中等水平,总体平均值为3.527。从各测评题项来看,平均值相对较高的是"过去调整自主创新政策是为了改善创新环境"测评题项,达3.668,表明被调查企业对过去为了适应和改善创新环境而进行的政策调整相对看好,且对此评价又比较一致,标准差相对较低,为0.833;平均值相对较低的是"自主创新政策的各种配套措施比较到位"测评题项,仅为3.312,表明被调查企业总体上对自主创新政策的各种配套措施到位程度的评价相对不太看好,从标准差来看是相对较高的一项,达1.006,可以看出被调查企业对此评价相对其他题项较不一致。

从构成自主创新政策质量的四个维度来看,统计分析结果显示,适应性维度平均值相对高些,达3.638,连续性维度平均值相对低些,为3.383。对不同维度的自主创新政策质量的平均值进行方差分析(表5-9和表5-10)发现,不同维度的自主创新政策质量的平均得分存在显著性的差异,F值为4.369,显著性水平为0.005<0.05。其中,政策稳定性维度的平均得分显著性地高于政策连续性维度的平均得分,显著性水平为0.018<0.05;政策适应性维度的平均得分显著性地高于政策连续性维度的平均得分,显著性水平为0.000<0.05;政策协调性维度的平均得分显著性地高于政策连续性维度的平均得分,显著性水平为0.037<0.05。

表5-8 自主创新政策质量测评的描述性统计分析结果

维度	题项	最大值	最小值	平均值	标准差
稳定性	自主创新政策的频繁调整比较少见	1	5	3.583	0.897
	很少出现有效期内的自主创新政策废弃现象	1	5	3.518	0.979
	本企业很少因为自主创新政策调整产生烦恼	1	5	3.559	0.904
适应性	过去调整自主创新政策是为了改善创新环境	1	5	3.668	0.833
	当前的自主创新政策比较符合本企业的实际需要	1	5	3.599	0.986
	当前的自主创新政策能够适应创新环境发展变化	1	5	3.648	0.933

维度	题项	最大值	最小值	平均值	标准差
协调性	自主创新政策与其他政策之间不存在相互冲突	1	5	3.571	0.960
	不同类型的自主创新政策措施没有发生抵触现象	1	5	3.530	0.878
	不同部门制定的自主创新政策作用目标比较一致	1	5	3.498	0.958
连续性	先后制定实施的自主创新政策比较连贯	1	5	3.449	0.965
	自主创新政策的各种配套措施比较到位	1	5	3.312	1.006
	自主创新的短期政策与长期政策衔接得比较好	1	5	3.389	0.977

资料来源：有效调查问卷数据的描述性统计分析结果

表5-9　不同自主创新政策质量测评维度平均值的方差分析表

项目	平方和	自由度	均方	F 值	P 值
组间	8.358	3	2.786	4.369	0.005
组内	627.554	984	0.638		
总计	635.913	987			

资料来源：SPSS-20.0方差分析输出结果

表5-10　不同自主创新政策质量测评维度平均值的多重比较

项目	(I) 维度	(J) 维度	均值差（I-J）	标准误	显著性	95% 置信区间	
						下限	上限
LSD	政策稳定性	政策适应性	-0.085	0.072	0.236	-0.226	0.056
		政策协调性	0.020	0.072	0.781	-0.121	0.161
		政策连续性	0.170	0.072	0.018	0.029	0.311

项目	（I）维度	（J）维度	均值差（I-J）	标准误	显著性	95%置信区间	
						下限	上限
LSD	政策适应性	政策稳定性	0.085	0.072	0.236	−0.056	0.226
		政策协调性	0.105	0.072	0.143	−0.036	0.246
		政策连续性	0.255	0.072	0.000	0.114	0.396
	政策协调性	政策稳定性	−0.020	0.072	0.781	−0.161	0.121
		政策适应性	−0.105	0.072	0.143	−0.246	0.036
		政策连续性	0.150	0.072	0.037	0.009	0.291
	政策连续性	政策稳定性	−0.170	0.072	0.018	−0.311	−0.029
		政策适应性	−0.255	0.072	0.000	−0.396	−0.114
		政策协调性	−0.150	0.072	0.037	−0.291	−0.009

资料来源：SPSS-20.0方差分析输出结果

从不同地区（东、中和西部）自主创新政策质量测评平均得分的方差分析结果（表5-11）来看，不同地区对自主创新政策质量的评价不存在显著性的差异，其中 F 值分别为0.906，显著性水平0.405>0.05。同时，表5-12显示的不同地区自主创新政策质量测评平均得分的多重比较结果也充分地证明了这一点。

表5-11 不同地区自主创新政策质量测评平均值的方差分析表

项目	平方和	自由度	均方	F 值	P 值
组间	0.881	2	0.441	0.906	0.405
组内	118.633	244	0.486		
总计	119.515	246			

资料来源：SPSS-20.0方差分析输出结果

表 5-12　不同地区自主创新政策质量测评的平均值多重比较

项目	（I）维度	（J）维度	均值差（I-J）	标准误	显著性	95%置信区间	
						下限	上限
LSD	东部	中部	0.111	0.107	0.299	−0.099	0.321
		西部	−0.032	0.108	0.766	−0.245	0.181
	中部	东部	−0.111	0.107	0.299	−0.321	0.099
		西部	−0.143	0.113	0.205	−0.365	0.079
	西部	东部	0.032	0.108	0.766	−0.181	0.245
		中部	0.143	0.113	0.205	−0.079	0.365

资料来源：SPSS-20.0 方差分析输出结果

从表 5-13 可以看出，不同类型（国家级高新技术企业、省级高新技术企业、地市级高新技术企业和其他）的企业对自主创新政策质量评价的平均得分存在显著性的差异，其中 F 值分别为 5.634，显著性水平为 0.001<0.05。从表 5-14 可以看出，国家级高新技术企业、省级高新技术企业和地市级高新技术企业对自主创新政策质量评价的平均得分均显著地高于其他类型企业，显著性水平分别为 0.001、0.022 和 0.002，均小于 0.05 的显著性水平。

表 5-13　不同企业类型的自主创新政策质量测评平均值方差分析表

项目	平方和	自由度	均方	F 值	P 值
组间	7.773	3	2.591	5.634	0.001
组内	111.742	243	0.460		
总计	119.515	246			

资料来源：SPSS-20.0 方差分析输出结果

表 5-14　不同企业类型的自主创新政策质量测评平均值多重比较

项目	(I) 企业类型	(J) 企业类型	均值差 (I−J)	标准误	显著性	95% 置信区间	
						下限	上限
LSD	国家级高新技术企业	省级高新技术企业	0.033	0.140	0.813	−0.243	0.309
		地市级高新技术企业	−0.103	0.151	0.496	−0.401	0.195
		其他	0.336	0.103	0.001	0.134	0.538
	省级高新技术企业	国家级高新技术企业	−0.033	0.140	0.813	−0.309	0.243
		地市级高新技术企业	−0.136	0.172	0.429	−0.475	0.202
		其他	0.303	0.131	0.022	0.044	0.561
	地市级高新技术企业	国家级高新技术企业	0.103	0.151	0.496	−0.195	0.401
		省级高新技术企业	0.136	0.172	0.429	−0.202	0.475
		其他	0.439	0.143	0.002	0.157	0.721
	其他	国家级高新技术企业	−0.336	0.103	0.001	−0.538	−0.134
		省级高新技术企业	−0.303	0.131	0.022	−0.561	−0.044
		地市级高新技术企业	−0.439	0.143	0.002	−0.721	−0.157

资料来源：SPSS-20.0 方差分析输出结果

从表 5-15 可以看出，不同规模（企业员工人数）企业对自主创新政策质量评价的平均值不存在显著性差异，其中 F 值分别为 2.217，显著性水平为 0.087>0.05。同时，表 5-16 中不同规模企业对自主创新政策质量评价的平均得分多重比较结果也充分地验证了这一结论。

表 5-15　不同企业规模的自主创新政策质量测评平均值方差分析表

项目	平方和	自由度	均方	F 值	P 值
组间	3.184	3	1.061	2.217	0.087
组内	116.331	243	0.479		
总计	119.515	246			

资料来源：SPSS-20.0 方差分析输出结果

表 5-16　不同企业规模的自主创新政策质量测评平均值多重比较

项目	(I) 企业规模	(J) 企业规模	均值差 (I-J)	标准误	显著性	95% 置信区间	
						下限	上限
LSD	100 人以下	100 ~ 300 人	-0.057	0.116	0.624	-0.286	0.172
		300 ~ 500 人	-0.118	0.152	0.439	-0.419	0.182
		500 人以上	0.207	0.109	0.059	-0.008	0.423
	100 ~ 300 人	100 人以下	0.057	0.116	0.624	-0.172	0.286
		300 ~ 500 人	-0.061	0.165	0.711	-0.386	0.263
		500 人以上	0.264	0.126	0.037	0.016	0.512
	300 ~ 500 人	100 人以下	0.118	0.152	0.439	-0.182	0.419
		100 ~ 300 人	0.061	0.165	0.711	-0.263	0.386
		500 人以上	0.326	0.160	0.043	0.011	0.640
	500 人以上	100 人以下	-0.207	0.109	0.059	-0.423	0.008
		100 ~ 300 人	-0.264	0.126	0.037	-0.512	-0.016
		300 ~ 500 人	-0.326	0.160	0.043	-0.640	-0.011

资料来源：SPSS-20.0 方差分析输出结果

（二）自主创新政策执行力的测评结果分析

表 5-17 给出了所调查样本对自主创新政策执行力评价的描述性统计分析结果。从调查者对自主创新政策的宣传、自主创新政策执行人员的工作能力以及有关政策执行职责部门与工作人员之间的协调配合情况的评价情况来看，平均值在3.4 左右，自主创新政策执行力的效果不是非常理想，处于中等偏上水平。从标准差结果来看，均在 1.03 左右，被调查者对自主创新政策执行力的三项测评题项评价态度基本一致，没有太大的差异。

表 5-17　自主创新政策执行力测评的描述性统计分析结果

维度	题项	最小值	最大值	平均值	标准差
政策执行力	自主创新政策的有关宣传工作做得比较到位	1	5	3.263	1.032
	政策执行人员对自主创新政策内容的认识比较深刻	1	5	3.344	1.035
	激励自主创新的政策执行人员工作能力比较强	1	5	3.441	1.026
	自主创新政策的不同执行权责部门之间密切配合	1	5	3.405	1.057

资料来源：SPSS-20.0 描述性统计分析输出结果

从表 5-18 可以看出，不同地区（东部、中部和西部）对自主创新政策执行力的评价不存在显著性的差异，其中 F 值分别为 1.182，显著性水平为 0.308>0.05。同时，表 5-19 给出的不同地区自主创新政策执行力测评平均得分多重比较结果也充分地证明了这一点，多重比较结果的显著性水平均大于 0.05。

表 5-18　不同地区自主创新政策执行力测评平均值的方差分析表

项目	平方和	自由度	均方	F 值	P 值
组间	2.064	2	1.032	1.182	0.308
组内	213.037	244	0.873		
总计	215.102	246			

资料来源：SPSS-20.0 方差分析输出结果

表 5-19　不同地区自主创新政策执行力测评的平均值多重比较

项目	(I) 维度	(J) 维度	均值差 (I-J)	标准误	显著性	95% 置信区间	
						下限	上限
LSD	东部	中部	0.175	0.143	0.222	-0.107	0.457
		西部	-0.041	0.145	0.777	-0.326	0.244
	中部	东部	-0.175	0.143	0.222	-0.457	0.107
		西部	-0.216	0.151	0.154	-0.514	0.082

项目	（I）维度	（J）维度	均值差（I-J）	标准误	显著性	95%置信区间	
						下限	上限
LSD	西部	东部	0.041	0.145	0.777	−0.244	0.326
		中部	0.216	0.151	0.154	−0.082	0.514

资料来源：SPSS-20.0 方差分析输出结果

表 5-20 显示，不同类型的企业对自主创新政策执行力评价的平均得分存在显著性的差异，其中 F 值为 6.038，显著性水平为 0.001<0.05。从表 5-21 的平均值多重比较结果可以进一步看出，国家级高新技术企业、省级高新技术企业和地市级高新技术企业对自主创新政策执行力评价的平均得分均显著地高于其他类型企业，显著性水平分别为 0.003、0.017 和 0.001，均小于 0.05 的显著性水平。

表 5-20　不同企业类型自主创新政策执行力测评的平均值方差分析表

项目	平方和	自由度	均方	F 值	P 值
组间	14.921	3	4.974	6.038	0.001
组内	200.180	243	0.824		
总计	215.102	246			

资料来源：SPSS-20.0 方差分析输出结果

表 5-21　不同企业类型自主创新政策执行力测评的平均值多重比较

项目	（I）企业类型	（J）企业类型	均值差（I-J）	标准误	显著性	95%置信区间	
						下限	上限
LSD	国家级高新技术企业	省级高新技术企业	−0.008	0.187	0.968	−0.377	0.362
		地市级高新技术企业	−0.258	0.203	0.205	−0.657	0.141
		其他	0.413	0.137	0.003	0.142	0.684

项目	(I) 企业类型	(J) 企业类型	均值差 (I−J)	标准误	显著性	95% 置信区间	
						下限	上限
LSD	省级高新技术企业	国家级高新技术企业	0.008	0.187	0.968	−0.362	0.377
		地市级高新技术企业	−0.250	0.230	0.278	−0.703	0.203
		其他	0.421	0.176	0.017	0.075	0.767
	地市级高新技术企业	国家级高新技术企业	0.258	0.203	0.205	−0.141	0.657
		省级高新技术企业	0.250	0.230	0.278	−0.203	0.703
		其他	0.671	0.192	0.001	0.293	1.048
	其他	国家级高新技术企业	−0.413	0.137	0.003	−0.684	−0.142
		省级高新技术企业	−0.421	0.176	0.017	−0.767	−0.075
		地市级高新技术企业	−0.671	0.192	0.001	−1.048	−0.293

资料来源：SPSS-20.0 方差分析输出结果

从不同企业规模对自主创新政策执行力评价的平均得分多重比较结果（表5-22）来看，尽管 100~300 人规模的企业对自主创新政策执行力评价平均得分显著性地高于 500 人以上规模的企业，显著性水平为 0.012<0.05，但从方差分析结果来看（表5-23），不同企业规模对自主创新政策执行力评价的平均得分总体来说不存在显著性的差异，其中 F 值为 2.506，显著性水平为 0.060>0.05。

表5-22　不同企业规模自主创新政策执行力测评的平均值多重比较

项目	(I) 企业规模	(J) 企业规模	均值差 (I−J)	标准误	显著性	95% 置信区间	
						下限	上限
LSD	100 人以下	100~300 人	−0.151	0.156	0.333	−0.458	0.156
		300~500 人	−0.111	0.204	0.588	−0.513	0.292
		500 人以上	0.276	0.147	0.061	−0.013	0.565

项目	(I) 企业规模	(J) 企业规模	均值差 (I-J)	标准误	显著性	95% 置信区间	
						下限	上限
LSD	100~300 人	100 人以下	0.151	0.156	0.333	−0.156	0.458
		300~500 人	0.040	0.221	0.855	−0.394	0.475
		500 人以上	0.427	0.169	0.012	0.095	0.759
	300~500 人	100 人以下	0.111	0.204	0.588	−0.292	0.513
		100~300 人	−0.040	0.221	0.855	−0.475	0.394
		500 人以上	0.386	0.214	0.072	−0.035	0.808
	500 人以上	100 人以下	−0.276	0.147	0.061	−0.565	0.013
		100~300 人	−0.427	0.169	0.012	−0.759	−0.095
		300~500 人	−0.386	0.214	0.072	−0.808	0.035

资料来源：SPSS-20.0 方差分析输出结果

表 5-23　不同企业规模的自主创新政策执行力测评的平均值方差分析表

项目	平方和	自由度	均方	F 值	P 值
组间	6.455	3	2.152	2.506	0.060
组内	208.647	243	0.859		
总计	215.102	246			

资料来源：SPSS-20.0 方差分析输出结果

第三节　自主创新政策质量与执行力对政策绩效影响的实证分析

本节拟采用典型相关分析、Pearson 相关分析、路径分析等多种数据统计分析方法，对调查问卷数据进行实证分析，以期揭示自主创新政策质量与执行力对政策绩效的影响及其影响机理，检验和修正"Q-E-P"作用机理概念模型。

一、相关分析

采用路径分析方法前，首先需要对研究变量之间的相关性进行检验，以考察研究变量之间是否存在相互依存关系，进而初步判断"Q-E-P"作用机理概念模型设置或研究假设的合理性。本书将利用因子分析中所提取的各个因子，运用SPSS-20.0软件对自主创新的政策质量、政策执行力、政策绩效等变量分别进行典型相关分析和Pearson相关分析。

典型相关分析是测度两组变量间整体相关关系的一种统计分析方法。与其他检测相关关系的统计方法（如Pearson相关分析、简单回归分析和多元回归分析等）一样，典型相关分析主要用于考察变量间是否存在一定的相互依存关系，可是跟简单相关分析和多元回归分析又有所不同，它检验的是一组变量与另一组变量之间的整体相关性，也就是一个变量组的综合结果与另一个变量组的综合结果之间是否存在相关（范柏乃和蓝志勇，2008）。在本书中，自主创新政策质量的测量变量为政策稳定性（PS）、政策适应性（PA）、政策协调性（PH）、政策连续性（PC），自主创新政策绩效的测量变量为政策直接绩效（PDP）和政策间接绩效（PIP）。由此可见，自主创新政策质量与政策绩效是由多个变量构成的复杂概念，因此考察两者间是否存在相互影响的关系，不能运用简单的相关分析，而是需要运用典型相关分析的方法。为此，本书将采用SPSS软件中宏程序的运算方法对自主创新政策质量与政策绩效进行典型相关分析，分析结果如表5-24~表5-29所示。

从表5-24可以看出，典型相关系数分别为0.819、0.203，且典型相关系数均达到了5%的统计显著性水平。

根据表5-26和表5-27，采用标准化的典型系数，给出自主创新政策质量和自主创新政策绩效典型变量的相关模型：

自主创新政策质量的第一、第二典型变量分别为：

$$U_1 = -0.253\,\text{PS} - 0.431\,\text{PA} - 0.046\,\text{PH} - 0.402\,\text{PC}$$

$$U_2 = 0.795\,\text{PS} - 1.430\,\text{PA} + 0.226\,\text{PH} + 0.493\,\text{PC}$$

自主创新政策绩效的第一、第二典型变量分别为：

$$V_1 = -0.179\text{PDP} - 0.866\text{PIP}$$

$$V_2 = -1.379\text{PDP} + 1.111\text{PIP}$$

典型负载系数（canonical loadings）是典型变量与本组的观测变量之间的两两简单相关系数（范柏乃和蓝志勇，2008）。从表5-28可以看出，自主创新政策质量的第一典型变量 U_1，在PS、PA、PH、PC上均有较高荷重，说明政策稳定性、政策适应性、政策协调性、政策连贯性等变量在自主创新政策质量中具有重要地位。同样，自主创新政策绩效的第一典型变量 V_1 在PDP和PIP上有较高荷重，说明政策直接绩效和政策间接绩效在自主创新政策绩效中均占有主导地位。

交叉负载系数（cross loadings）是典型变量与另一组的观测变量之间的两两简单相关系数（范柏乃和蓝志勇，2008）。由于第一对典型变量之间的高度相关，导致自主创新政策质量中四个主要变量与自主创新政策绩效的第一典型变量呈高度相关；而自主创新政策绩效中的两个变量则与自主创新政策质量的第一典型变量也呈高度相关。这种一致性从数量上体现了自主创新政策质量与自主创新政策绩效之间存在一定的内在关系，与自主创新政策质量和自主创新政策绩效指标的实际意义是吻合的。

由表5-29可知，第一对典型变量 U_1 和 V_1 均较好地解释了对应的那组变量，而且交互解释能力也比较强。来自自主创新政策质量的方差被政策质量和政策绩效第一典型变量解释的比例分别为74.4%和49.9%；来自自主创新政策绩效的方差被政策绩效和政策质量第一典型变量解释的方差比例为80.3%和53.9%。然而，典型相关分析只能反映自主创新政策质量与政策绩效变量之间存在相互依存的关系，不能反映出这些变量之间的作用方向，由此需要进一步进行路径分析。

此外，运用因子分析中所提取的各个因子，以SPSS-20.0软件为工具，采用Pearson简单相关分析方法，对自主创新政策执行力与政策质量和政策绩效研究变量进行Pearson相关分析，分析结果如表5-30所示。可以看出，自主创新政策执行力与政策稳定性、适应性、协调性、连续性、直接绩效和间接绩效之间均存在显著的正相关关系。

表 5-24 典型相关系数及其显著性检验

序号	典型相关系数	序号	典型相关的显著性检验			
			Wilk's 值	卡方值	自由度	P 值
1	0.819	1	0.315	237.426	8.000	0.000
2	0.203	2	0.959	8.683	3.000	0.034

表 5-25 自主创新政策质量与政策绩效的相关矩阵

项目	PS	PA	PH	PC	PDP	PIP
PS	1.0000	0.6713	0.6949	0.6654	0.5037	0.6921
PA	0.6713	1.0000	0.6525	0.6813	0.6361	0.7243
PH	0.6949	0.6525	1.0000	0.7447	0.4918	0.6575
PC	0.6654	0.6813	0.7447	1.0000	0.5533	0.7354
PTP	0.5037	0.6361	0.4918	0.5533	1.0000	0.7043
PCP	0.6921	0.7243	0.6576	0.7354	0.7043	1.0000

表 5-26 自主创新政策质量变量组标准化及未标准化的典型系数

项目	第一典型变量标准化系数		项目	第一典型变量未标准化系数	
	1	2		1	2
PS	−0.253	0.795	PS	−0.254	0.799
PA	−0.431	−1.430	PA	−0.433	−1.437
PH	−0.046	0.226	PH	−0.046	0.228
PC	−0.402	0.493	PC	−0.404	0.495

表 5-27　自主创新政策绩效变量组标准化及未标准化的典型系数

项目	第二典型变量标准化系数		项目	第二典型变量未标准化系数	
	1	2		1	2
PDP	−0.179	−1.379	PDP	−0.180	−1.404
PIP	−0.866	1.111	PIP	−0.870	1.116

表 5-28　自主创新政策质量与政策绩效变量的典型负载及交叉负载系数矩阵

项目	第一典型变量典型负载系数		项目	第一典型变量交叉负载系数	
	U_1	U_2		V_1	V_2
PS	−0.841	0.320	PS	−0.689	−0.065
PA	−0.904	−0.413	PA	−0.741	−0.084
PH	−0.802	0.213	PH	−0.657	0.043
PC	−0.898	0.216	PC	−0.736	0.044
项目	第二典型变量交叉负载系数		项目	第二典型变量典型负载系数	
PDP	−0.789	−0.615	PDP	−0.646	−0.125
PIP	−0.992	0.127	PIP	−0.813	0.026

表 5-29　冗余度分析

项目	第一典型变量被其自身的方差解释率	项目	第二典型变量被其自身的方差解释率
U_1	0.744	V_1	0.803
U_2	0.091	V_2	0.197
项目	第一典型变量被另一典型变量的方差解释率	项目	第二典型变量被另一典型变量方差解释率
V_1	0.499	U_1	0.539
V_2	0.004	U_2	0.008

表 5-30　自主创新政策执行力与政策质量和政策绩效的 Pearson 相关分析

项目		执行力	稳定性	适应性	协调性	连续性	直接绩效	间接绩效
执行力	Pearson 相关系数	1.000	0.642	0.678	0.679	0.735	0.713	0.516
	P 值		0.000	0.000	0.000	0.000	0.000	0.000

二、路径分析

路径分析方法最先是由美国科学家赖特（Wright）于 1930 年用于多基因遗传病的研究，20 世纪 40 年代起在管理学、社会学、经济学和教育学等学科领域得到了广泛的应用。路径分析是回归分析的进一步深化，旨在将一些简单相关系数分解为许多部分，以显示某一自变量对因变量的直接作用和间接作用效果。因此，路径分析在一定程度上弥补了回归分析的不足，给研究者提供更多丰富的资料和信息。在上述章节关于自主创新政策绩效、政策质量和执行力的讨论构建在 "Q-E-P" 作用机理概念模型的基础上，下面将以 AMOS 18.0 软件为工具，以上述方差最大旋转法抽取的各个潜变量的因子值作为观测变量及数据来源，采用路径分析的方法，揭示 "Q-E-P" 作用机理概念模型中自主创新政策质量与执行力对政策绩效的影响机理。

（一）初始路径分析模型的构建

根据本章第一节构建的 "Q-E-P" 作用机理概念模型，运用 AMOS 18.0 软件绘制了初始路径分析模型图（图 5-2）。在初始路径分析模型图中，有三个内因变量，分别为 "政策执行力"、"政策直接绩效" 和 "政策间接绩效"；四个外因变量，分别为 "政策稳定性"、"政策适应性"、"政策协调性" 和 "政策连续性"。另外，路径分析模型图中待估计的协方差（covariances）有 6 个，回归系数（regression weights）有 14 个，方差（variances）有 7 个，自由参数数目共有 27 个。

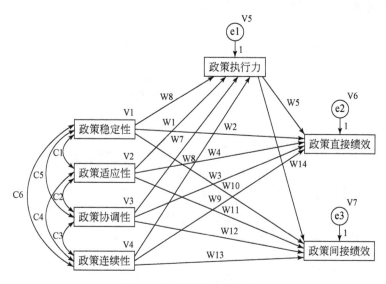

图 5-2　初始路径分析模型图

（二）初始路径模型适配度检验

采用 Amos Graphics 首次 Calculate Estimates 计算过程，获得了初始路径分析模型估计的标准化估计值的模型图及一系列指标值。图 5-3 为标准化估计值的初始路径分析模型系数图，从图中可以看出，4 个外因变量间的相关系数均为正数，其中"政策稳定性"与"政策适应性"的相关系数为 0.67，"政策稳定性"与"政策协调性"的相关系数为 0.49，"政策稳定性"与"政策连续性"的相关系数为 0.67，"政策适应性"与"政策协调性"的相关系数为 0.64，"政策适应性"与"政策连续性"的相关系数为 0.68，"政策协调性"与"政策连续性"的相关系数为 0.57；"政策稳定性"、"政策适应性"、"政策协调性"和"政策连续性"四个变量可以联合解释"政策执行力"变量 64% 的变异量，"政策稳定性"、"政策适应性"、"政策协调性"、"政策连续性"和"政策执行力"5 个变量可以联合解释"政策直接绩效"和"政策间接绩效"两个变量的变异量分别为 71% 和 72%。此外，14 条路径的回归系数 β 值除了"政策协调性→政策间接绩效"为 -0.01 外，其他均为正数，表示其对外因变量的影响均为正向，与上述提出的路径假设的影响方向基本一致。

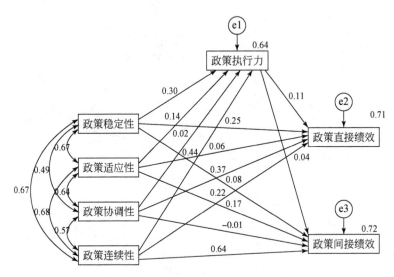

图 5-3　初始路径分析模型系数图

　　表5-31列出了初始路径分析模型适配度检验结果，从绝对适配度指数的检验结果来看，卡方值的显著性水平 $p = 0.038 < 0.05$，RMSEA 值为 $0.125 > 0.08$，AGFI 值为 $0.838 < 0.90$，这3个适配度指数未达到模型适配的标准或临界值，而RMR 值和 GFI 值的适配度指数却达到适配的标准或临界值；从增值适配指数检验结果来看，NFI 值、RFI 值、IFI 值、TLI 值、CFI 值分别为 0.996、0.922、0.997、0.939、0.997，均达到了模型的适配标准或临界值；从简约适配度指数的检验结果来看，除了 CAIC 值小于独立模型值且同时小于饱和模型值进而达到适配的标准或临界值外，其他卡方自由度比值（4.255>3）、CN 值（187<200）、AIC 值（小于独立模型值却没有小于饱和模型值）等适配度指数却没有达到适配的标准或临界值。总体来看，初始路径分析模型的适配情况不是很理想，需要进一步的修正，以达到本书构建的 "Q-E-P" 作用机理概念模型与实际调查数据反映的模型适配。

表 5-31　初始路径分析模型适配度检验结果

项目	统计检验量	适配的标准或临界值	检验结果数据	模型适配判断
绝对适配度指数	χ^2 值	$p>0.05$ （未达显著水平）	4.255 （$p=0.038$）	否
	RMR 值	<0.05	0.008	是
	RMSEA 值	<0.08	0.125	否
	GFI 值	>0.90	0.994	是
	AGFI 值	>0.90	0.838	否
增值适配指数	NFI 值	>0.90	0.996	是
	RFI 值	>0.90	0.922	是
	IFI 值	>0.90	0.997	是
	TLI 值	>0.90	0.939	是
	CFI 值	>0.90	0.997	是
简约适配度指数	χ^2/df	<3.00	4.255	否
	CN 值	>200	187	否
	AIC 值	理论模型值小于独立模型值，且同时小于饱和模型值	58.255<1160.806　58.255>56.000	否
	CAIC 值	理论模型值小于独立模型值，且同时小于饱和模型值	175.368<1191.168　175.368<177.451	是

资料来源：适配的标准或临界值主要来参考吴明隆编著的《结构方程模型——AMOS 的操作与运用》（240 页），检验结果数据来源于 AMOS 18.0 估计输出结果整理

表 5-32 列出了初始路径分析模型标准化的路径系数，整体模型适配度检验的卡方值在自由度等于 1 时为 4.225，显著性概率值 p 为 0.038<0.05，未达到 0.05 的显著性水平，拒绝虚无假设，表明理论模型与样本数据间不可以适配。可以看出，14 条路径中有 8 条路径系数达到 5% 的显著性水平，分别为"政策适

应性→政策执行力""政策连续性→政策执行力""政策稳定性→政策执行力"
"政策稳定性→政策直接绩效""政策协调性→政策直接绩效""政策连续性→
政策直接绩效""政策适应性→政策间接绩效""政策连续性→政策间接绩
效"。"政策执行力→政策直接绩效"路径系数的显著性水平为0.070，在10%
的统计显著性水平下可认为是显著的。另外，5条路径均未通过统计显著性检
验，其中"政策协调性→政策间接绩效"的路径系数为负，但绝对值仅为
0.014，与前面的理论假设相反；而"政策协调性→政策执行力"的路径系数
的绝对值很小，仅为0.016，这一结果表明这两条路径的设置肯定存在一定问
题，无法与实证调查数据内含的关系相适配。实际上，一般很少有模型通过一
次运算就能够达到理想的适配效果，究其主要原因一方面是建构的"Q-E-P"
概念模型本身就有各种缺陷和不足，另一方面也有可能是实证调查数据带来的
偏差。因此，接下来需要对初始路径分析模型的路径进行微调，以实现各指标
达到适配标准的理想状态。

表 5-32 初始路径分析模型标准化路径系数

路径			路径系数	标准化路径系数	C. R. 值	p 值	标识
政策执行力	←	政策适应性	0.142	0.068	2.089	0.037	W1
政策执行力	←	政策连续性	0.440	0.063	6.936	0.000	W6
政策执行力	←	政策协调性	0.016	0.056	0.276	0.782	W7
政策执行力	←	政策稳定性	0.299	0.061	4.883	0.000	W8
政策直接绩效	←	政策稳定性	0.247	0.057	4.295	0.000	W2
政策直接绩效	←	政策协调性	0.365	0.050	7.286	0.000	W3
政策直接绩效	←	政策适应性	0.063	0.061	1.030	0.303	W4
政策直接绩效	←	政策执行力	0.112	0.062	1.814	0.070	W5
政策直接绩效	←	政策连续性	0.225	0.063	3.588	0.000	W9

自主创新政策的供给演进、绩效测量及优化路径研究

路径			路径系数	标准化路径系数	C. R. 值	p 值	标识
政策间接绩效	←	政策稳定性	0.077	0.056	1.357	0.175	W10
政策间接绩效	←	政策适应性	0.168	0.060	2.818	0.005	W11
政策间接绩效	←	政策协调性	−0.014	0.049	−0.289	0.773	W12
政策间接绩效	←	政策连续性	0.645	0.061	10.498	0.000	W13
政策间接绩效	←	政策执行力	0.043	0.061	0.718	0.473	W14

资料来源：运用 AMOS 18.0 对初始路径分析模型最大似然法估计各路径系数值输出结果

（三）路径分析模型的修正与确定

上述分析结果表明，初始路径分析模型可能存在一些问题，致使未达到理想状态，因此需要对初始路径分析模型进行修正。在考虑初始路径分析模型路径系数检验结果的基础上，本书决定删除路径系数绝对值较小的两条影响路径，分别为"政策协调性→政策间接绩效"和"政策协调性→政策执行力"。同时，国外学者 Badinger 和 Tondl（2002）以及中国学者刘红和姚永玲（2008）等研究发现，创新政策产生的直接性绩效与间接性绩效之间甚为紧密，直接性政策绩效的实现程度不同，间接性的政策绩效也是不一样的。为此，本书决定增加"政策直接绩效→政策间接绩效"的影响路径。随后，导入相关变量数据进行运算，运算结果如图 5-4、表 5-33 和表 5-34 所示。

从修正后的路径分析模型系数图 5-4 可以看出，"政策连续性"对"政策间接绩效"和"政策执行力"两个内因变量的标准化直接效果值相对较高，分别为 0.61 和 0.44，路径系数的显著性检验均达到 0.05 的显著性水平。而"政策执行力→政策间接绩效"、"政策稳定性→政策间接绩效"和"政策适应性→政策直接绩效"等三条路径的标准化直接效果值相对较小，分别为 0.03、0.05 和 0.06，路径系数的显著性检验均未达到 0.05 的统计显著性水平。

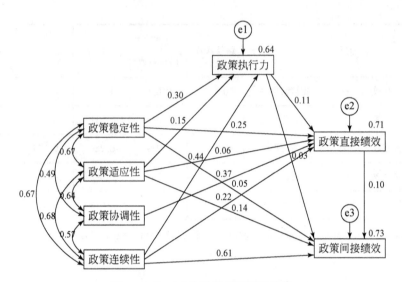

图 5-4 修正后的路径分析模型系数

表 5-33 修正后的路径分析模型适配度检验结果

项目	统计检验量	适配的标准或临界值	检验结果数据	模型适配判断
绝对适配度指数	χ^2 值	$p>0.05$（未达显著水平）	1.504（$p=0.471$）	是
	RMR 值	<0.05	0.006	是
	RMSEA 值	<0.08	0.000	是
	GFI 值	>0.90	0.998	是
	AGFI 值	>0.90	0.971	是
增值适配指数	NFI 值	>0.90	0.999	是
	RFI 值	>0.90	0.986	是
	IFI 值	>0.90	1.000	是
	TLI 值	>0.90	1.005	是
	CFI 值	>0.90	1.000	是

项目	统计检验量	适配的标准或临界值	检验结果数据	模型适配判断
简约适配度指数	χ^2/df	<3.00	0.752	是
	CN 值	>200	1268	是
	AIC 值	理论模型值小于独立模型值，且同时小于饱和模型值	53.504<1160.806 53.504<56.000	是
	CAIC 值	理论模型值小于独立模型值，且同时小于饱和模型值	166.280<1191.168 166.280<177.451	是

资料来源：适配的标准或临界值主要来参考吴明隆编著的《结构方程模型——AMOS 的操作与运用》（240 页），检验结果数据来源于 AMOS 18.0 估计输出结果整理

　　修正后的路径分析模型适配度检验结果（表 5-33）显示，适配效果得到了进一步的提高，整体模型适配度检验的卡方值在自由度等于 1 时为 1.504，显著性概率值 p 为 0.471>0.05，未达到 0.05 的显著性水平，接受虚无假设，表明理论模型与样本数据间可以适配。再从其他适配度指标来看，在绝对适配度指数方面，χ^2 值的显著性检验大于 0.05 的显著性水平、RMR 值为 0.006<0.05、RMSEA 值为 0.000<0.08、GFI 值为 0.998>0.90、AGFI 值为 0.971>0.90，均达到了适配的标准或临界值；在增值适配指数方面，NFI 值、RFI 值、IFI 值、TLI 值、CFI 值均大于 0.9，达到了适配的标准或临界值；在简约适配度指数的检验结果上，卡方自由度比值为 0.752 小于 3，CN 值为 1268>200，修正后模型的 AIC 值和 CAIC 值均小于独立模型值且同时小于饱和模型值。由此可以看出，修正后的路径分析模型的适配效果比较理想，并与实际的样本数据可以适配。

　　从表 5-34 可以看出，修正后的路径分析模型的 13 条路径中，除"政策执行力→政策间接绩效"、"政策稳定性→政策间接绩效"和"政策适应性→政策直接绩效" 3 条路径系数未达到 0.05 或 0.10 的统计显著性水平外，其余 10 条路径系数均在 $p<0.10$ 的水平上通过显著性检验。其中，"政策连续性→政策间接绩效"的路径系数最大，达 0.610，甚为显著。

表 5-34 修正后的路径分析模型标准化路径系数

路径			路径系数	标准化路径系数	C. R. 值	p 值
政策执行力	←	政策适应性	0.149	0.062	2.386	0.017
政策执行力	←	政策连续性	0.444	0.062	7.155	0.000
政策执行力	←	政策稳定性	0.299	0.061	4.888	0.000
政策直接绩效	←	政策稳定性	0.247	0.057	4.295	0.000
政策直接绩效	←	政策协调性	0.365	0.050	7.286	0.000
政策直接绩效	←	政策适应性	0.063	0.061	1.030	0.303
政策直接绩效	←	政策执行力	0.112	0.062	1.814	0.070
政策直接绩效	←	政策连续性	0.225	0.063	3.588	0.000
政策间接绩效	←	政策稳定性	0.050	0.058	0.868	0.385
政策间接绩效	←	政策适应性	0.138	0.057	2.433	0.015
政策间接绩效	←	政策连续性	0.610	0.063	9.710	0.000
政策间接绩效	←	政策执行力	0.031	0.061	0.506	0.613
政策间接绩效	←	政策直接绩效	0.103	0.060	1.712	0.087

资料来源：运用 AMOS 18.0 对修正后的路径分析模型最大似然法估计各路径系数值输出结果

综上所述，初始的路径分析模型经过修正后，各项适配指标均达到适配标准或临界值，并且较初始的路径分析模型整体适配优度得到了大幅度的改进，也更具有一定的理论依据和现实意义。为此，本书将修正后的路径分析模型确定为最终的"Q-E-P"模型。

三、假设检验与结果讨论

根据最终的"Q-E-P"模型的整体适配情况和各内因变量和外因变量之间路径系数的统计检验结果，从而可以判断上述研究假设成立与否。表 5-35 列出了本书中所有研究假设的检验情况，总体上看大部分的研究假设得到了证实。

表 5-35　假设检验情况汇总表

假设	假设内容	检验情况
H_{1a}	自主创新政策的稳定性对政策直接绩效具有显著的正向影响	证实
H_{1b}	自主创新政策的稳定性对政策间接绩效具有显著的正向影响	否定
H_{1c}	自主创新政策适应性对政策直接绩效具有显著的正向影响	否定
H_{1d}	自主创新政策适应性对政策间接绩效具有显著的正向影响	证实
H_{1e}	自主创新政策协调性对政策直接绩效具有显著的正向影响	证实
H_{1f}	自主创新政策协调性对政策间接绩效具有显著的正向影响	否定
H_{1g}	自主创新政策连续性对政策直接绩效具有显著的正向影响	证实
H_{1h}	自主创新政策连续性对政策间接绩效具有显著的正向影响	证实
H_{2a}	自主创新政策稳定性对政策执行力具有显著的正向影响	证实
H_{2b}	自主创新政策适应性对政策执行力具有显著的正向影响	证实
H_{2c}	自主创新政策协调性对政策执行力具有显著的正向影响	否定
H_{2d}	自主创新政策连续性对政策执行力具有显著的正向影响	证实
H_{3a}	自主创新政策执行力对政策直接绩效具有显著的正向影响	证实
H_{3b}	自主创新政策执行力对政策间接绩效具有显著的正向影响	否定
新增	自主创新政策的直接绩效对间接绩效具有显著的正向影响	证实

　　假设 H_{1a} 验证：如表 5-34 所示，自主创新政策的稳定性对政策直接绩效的影响路径系数标准化估计值（estimate）为 0.247，估计标准误差（S. E.）为 0.057，临界比值（C. R.）为 4.295，大于推荐的标准值 1.96，路径系数的显著性概率值 $p=0.000<0.05$，达到统计的显著性水平，表明自主创新政策的稳定性与政策直接绩效之间密切相关，自主创新政策的稳定性有助于提高自主创新政策是直接绩效，即假设 H_{1a} 被证实。

　　假设 H_{1b} 否定：如表 5-34 所示，自主创新政策的稳定性对政策间接绩效的影响路径系数标准化估计值（estimate）为 0.050，估计标准误差（S. E.）为

0.058，临界比值（C. R.）为0.868，小于推荐的标准值1.96，路径系数的显著性概率值 $p=0.385$ 大于0.05，未达到统计的显著性水平，表明自主创新政策的稳定性与政策直接绩效之间理论假设的影响路径并不存在，即假设 H_{1b} 被证伪。

假设 H_{1c} 否定：如表5-34所示，自主创新政策适应性对政策直接绩效的影响路径系数标准化估计值（estimate）为0.063，估计标准误差（S. E.）为0.061，临界比值（C. R.）为1.030，小于推荐的标准值1.96，路径系数的显著性概率值 $p=0.303>0.05$，未达到统计的显著性水平，表明自主创新政策的适应性与政策直接绩效之间理论假设的影响路径并不存在，即假设 H_{1c} 被证伪。

假设 H_{1d} 验证：如表5-34所示，自主创新政策适应性对政策间接绩效的影响路径系数标准化估计值（estimate）为0.138，估计标准误差（S. E.）为0.057，临界比值（C. R.）为2.433，大于推荐的标准值1.96，路径系数的显著性概率值 $p=0.015<0.05$，达到5%的统计显著性水平，表明自主创新政策的适应性与政策间接绩效之间密切相关，自主创新政策的适应性有助于提高自主创新政策的间接绩效，即假设 H_{1d} 被证实。

假设 H_{1e} 验证：如表5-34所示，自主创新政策协调性对政策直接绩效的影响路径系数标准化估计值（estimate）为0.365，估计标准误差（S. E.）为0.050，临界比值（C. R.）为7.286，大于推荐的标准值1.96，路径系数的显著性概率值 $p=0.000<0.05$，达到5%的统计显著性水平，表明自主创新政策的协调性与政策直接绩效之间密切相关，自主创新政策的协调性有助于提高自主创新政策的直接绩效，即假设 H_{1e} 被证实。

假设 H_{1f} 否定：如表5-34所示，自主创新政策协调性对政策间接绩效的影响路径系数标准化估计值（estimate）为-0.014，估计标准误差（S. E.）为0.049，临界比值（C. R.）为-0.289，小于推荐的标准值1.96，路径系数的显著性概率值 $p=0.773>0.05$，未达到5%的统计显著性水平，表明自主创新政策的协调性与政策间接绩效之间理论假设的影响路径并不存在，即假设 H_{1f} 被证伪。

假设 H_{1g} 验证：如表5-34所示，自主创新政策连续性对政策直接绩效的影响路径系数标准化估计值（estimate）为0.225，估计标准误差（S. E.）为0.063，临界比值（C. R.）为3.588，大于推荐的标准值1.96，路径系数的显著性概率

值 $p=0.000<0.05$，达到 5% 的统计显著性水平，表明自主创新政策的连续性与政策直接绩效之间密切相关，自主创新政策的连续性有助于提高自主创新政策的直接绩效，即假设 H_{1g} 被证实。

假设 H_{1h} 验证：如表 5-34 所示，自主创新政策连续性对政策间接绩效的影响路径系数标准化估计值（estimate）为 0.610，估计标准误差（S. E.）为 0.063，临界比值（C. R.）为 9.710，大于推荐的标准值 1.96，路径系数的显著性概率值 $p=0.000<0.05$，达到 5% 的统计显著性水平，表明自主创新政策的连续性与政策间接绩效密切相关，自主创新政策的连续性有助于提高自主创新政策的间接绩效，即假设 H_{1h} 被证实。

假设 H_{2a} 验证：如表 5-34 所示，自主创新政策稳定性对政策执行力的影响路径系数标准化估计值（estimate）为 0.299，估计标准误差（S. E.）为 0.061，临界比值（C. R.）为 4.888，大于推荐的标准值 1.96，路径系数的显著性概率值 $p=0.000<0.05$，达到 5% 的统计显著性水平，表明自主创新政策的稳定性与政策执行力之间密切相关，自主创新政策的稳定性有助于提高自主创新政策的执行力，即假设 H_{2a} 被证实。

假设 H_{2b} 验证：如表 5-34 所示，自主创新政策适应性对政策执行力的影响路径系数标准化估计值（estimate）为 0.149，估计标准误差（S. E.）为 0.062，临界比值（C. R.）为 2.386，大于推荐的标准值 1.96，路径系数的显著性概率值 $p=0.017<0.05$，达到 5% 的统计显著性水平，表明自主创新政策的适应性与政策执行力之间密切相关，自主创新政策的适应性有助于提高自主创新政策执行力，即假设 H_{2b} 被证实。

假设 H_{2c} 否定：如表 5-34 所示，自主创新政策协调性对政策执行力的影响路径系数标准化估计值（estimate）为 0.016，估计标准误差（S. E.）为 0.056，临界比值（C. R.）为 0.276，小于推荐的标准值 1.96，路径系数的显著性概率值 $p=0.782>0.05$，未达到 5% 的统计显著性水平，表明自主创新政策的协调性与政策执行力之间理论假设的影响路径并不存在，即假设 H_{2c} 被证伪。

假设 H_{2d} 验证：如表 5-34 所示，自主创新政策连续性对政策执行力的影响路径系数标准化估计值（estimate）为 0.444，估计标准误差（S. E.）为 0.062，临界比值（C. R. ）为 7. 155，大于推荐的标准值 1. 96，路径系数的显著性概率值 $p = 0.000 < 0.05$，达到 5% 的统计显著性水平，表明自主创新政策的连续性与政策执行力之间密切相关，自主创新政策的连续性有助于提高自主创新政策的执行力，即假设 H_{2d} 被证实。

假设 H_{3a} 验证：如表 5-34 所示，自主创新政策执行力对政策直接绩效的影响路径系数标准化估计值（estimate）为 0. 112，估计标准误差（S. E. ）为 0. 062，临界比值（C. R. ）为 1. 814，与推荐的标准值 1. 96 悬殊不是很大，路径系数的显著性概率值 $p \leqslant 0.10$，可以算是基本达到 10% 的统计显著性水平，表明自主创新政策的执行力与政策直接绩效之间密切相关，提升自主创新政策的执行力有助于提高自主创新政策的直接绩效，即假设 H_{3a} 被证实。

假设 H_{3b} 否定：如表 5-34 所示，自主创新政策执行力对政策间接绩效的影响路径系数标准化估计值（estimate）为 0. 031，估计标准误差（S. E. ）为 0. 061，临界比值（C. R. ）为 0. 506，小于推荐的标准值 1. 96，路径系数的显著性概率值 $p = 0.613 > 0.05$，未达到 5% 的统计显著性水平，表明自主创新政策的执行力与政策间接绩效之间理论假设的影响路径并不存在，即假设 H_{3b} 被证伪。

新增假设验证：在修正后的路径分析模型中，鉴于初始路径分析模型检验结果的修正指标和以往相关研究成果，增加了自主创新政策直接绩效对间接绩效的影响路径，如表 5-34 所示，该条影响路径系数标准化估计值（estimate）为 0. 103，估计标准误差（S. E. ）为 0. 060，临界比值（C. R. ）为 1. 712，与推荐的标准值 1. 96 相差不大，路径系数的显著性概率值 $p = 0.087 < 0.10$，基本上达到了 10% 的统计显著性水平，表明自主创新政策的直接绩效与间接绩效之间密切相关，提高自主创新政策直接绩效的同时也有助于提高自主创新政策的间接绩效，即新增假设被证实。

表 5-36 是对 Amos 18. 0 输出结果进行整理而得的影响路径分析各效果值一览表，表中的各项效果值均为标准化的路径系数估计值。从表 5-36 中可以看出，所有影响路径实际上可以归纳为三大类，即对自主创新政策的执行力、直接绩效和间接绩效三个内因变量的影响情况。接下来，本书将结合上述"Q-E-P"模型的路径分析结果及变量间影响路径效果情况，分别从这三个方面展开讨论。

表 5-36   "Q-E-P" 模型变量间影响路径效果值一览表

影响路径	直接效果	间接效果	总效果值
政策稳定性→政策执行力	0.299	—	0.299
政策适应性→政策执行力	0.149	—	0.149
政策连续性→政策执行力	0.444	—	0.444
政策稳定性→政策直接绩效	0.247	0.034	0.281
政策适应性→政策直接绩效	0.063	0.017	0.080
政策协调性→政策直接绩效	0.365	0.002	0.367
政策执行力→政策直接绩效	0.112	—	0.112
政策稳定性→政策间接绩效	0.050	0.038	0.089
政策适应性→政策间接绩效	0.138	0.013	0.151
政策协调性→政策间接绩效	—	0.038	0.038
政策连续性→政策间接绩效	0.610	0.042	0.652
政策执行力→政策间接绩效	0.031	0.012	0.043
政策直接绩效→政策间接绩效	0.103		0.103

资料来源：对 AMOS 18.0 输出结果整理所得

从对自主创新政策执行力的影响情况来看，自主创新政策的稳定性、适应性和连续性对其均具有显著的正向影响，共解释了该内因变量 64% 的变异，这一结果与理论预设总体上是相符的。在影响强度上，自主创新政策的连续性对政策执行力的影响最大，达 0.444，其次是政策稳定性的影响，为 0.299，影响强度相对较小的是自主创新政策的适用性，仅为 0.149。

从对自主创新政策直接绩效的影响来看，政策稳定性、适应性、连续性、协调性和执行力对其均具有正向的影响，共解释了该内因变量 71% 的变异，该结果与理论预设总体上是相符的。在影响强度方面，无论是直接影响效果还是总的影响效果，政策协调性的影响强度最大，总效果值达 0.367，其次是政策的稳定性，总效果值为 0.281，影响强度相对较小的是自主创新政策的适应性，仅为

0.080。在影响的显著性方面，自主创新政策的适应性对政策直接绩效的影响较不显著，其他影响路径均在5%或10%的统计显著性水平较为显著。另外，自主创新政策的稳定性、适应性和协调性对政策直接绩效产生直接的作用效果，还通过政策执行力对政策直接绩效产生间接作用。

从对自主创新政策间接绩效的影响来看，政策的稳定性、适应性、连续性、协调性、执行力和直接绩效对其均具有正向的影响，共解释了该内因变量73%的变异，该结果与理论预设总体上也比较相符。在影响强度方面，无论是直接影响效果还是间接影响效果，政策连续性的影响均最大，总效果值达0.652，自主创新政策执行力和政策稳定性的影响强度相对较小，总效果值分别为0.043和0.089，尚未通过10%的统计显著性检验。此外，自主创新政策协调性对政策间接绩效的影响程度也相对较小，影响效果值仅为0.038，这种影响作用完全是通过政策直接绩效的中介作用而发挥的。

第六章　自主创新政策效应时空差异：来自省际面板的证据

党的十八届五中全会明确要求，必须把创新摆在国家发展全局的核心位置，不断推进理论创新、制度创新、科技创新、文化创新等各方面创新。开创未来中国创新驱动发展新局面，有必要全面了解和把握过去中国自主创新政策实施的效应。那么，如何考察中国自主创新政策的实施效应？不同类别的自主创新政策效应在不同发展时期是否存在差异？以及不同类别的自主创新政策效应在不同自然地理条件和社会经济发展水平的地区是否存在差异？现阶段，迫切需要回答上述问题。通过系统的文献调研发现，在研究内容上，对不同类别的中国自主创新政策效应纳入统一框架进行系统的研究较少，大多关注于某一类政策的实施效应；在研究方法上，现有研究大多采用时间序列的计量分析方法，由于我国条块分割比较严重，不同类别的自主创新政策可能会出现冲突；同时，不同地区的社会经济发展水平差异的存在，极有可能使不同类别自主创新政策的敏感性不同，因此这些方法不能很好地反映中国自主创新政策效应是否存在时空差异。针对现有研究的局限性，本书将采用面板模型的计量分析方法，运用省级面板数据，对中国自主创新政策的总体效应和时空差异进行实证分析。

第一节　变量、数据及模型设定

一、变量选取

（一）解释变量

由于本书主要解释变量为激励自主创新的政策，而创新政策又是一个综合的概念（Dodgson and Bessant，1996），因此借鉴国外学者 Rothwell 和 Zegveld（1981）对创新政策的分类，将中国自主创新政策分为自主创新供给政策、自主创新需求政策、自主创新环境政策和自主创新基础政策。根据 Rothwell 和 Zegveld（1981）对四类创新政策的解释，自主创新供给政策包括政府部门对创新机构（如企业、科研院所、创新服务机构等）提供资金扶持、人才供给、发展战略引导等，该类政策较为明显地表现在政府对自主创新的实际投入上，因此本书选择财政科技支出作为自主创新供给政策的衡量指标；自主创新需求政策主要包括政府通过采购的形式购买创新机构的产品和服务以及积极协助自主创新机构拓展国际市场，由于政府采购能够推动形成巨大的创新产品需求市场，以及实现创新产品供需均衡发展，因此本书选择政府采购规模作为自主创新需求政策的衡量指标；自主创新环境政策主要包括完善行业的相关法律法规、创新机构税收优惠以及对自主创新活动提供贷款、补贴、信用担保等，由于自主创新不仅存在着较大的风险性和不确定性，还需要具有一定的研发投入资本，加之中国实行的是统一的税收政策，因此选取金融信贷水平作为自主创新环境政策的衡量指标；自主创新基础政策主要包括规范自主创新活动行为、鼓励创新机构加强合作、推动创新机构加大创新投入等。然而，衡量一个地区的创新投入，最为常用的指标就是 R&D 投入，国际上通常采用该指标来衡量一个国家或地区对科技的重视程度，所以选择 R&D 投入作为自主创新基础政策的衡量指标。

（二）被解释变量

从科学探索，到技术发明，再到实现技术的产业化，为国家创造财富和繁荣，是每个国家制定科技发展政策的基本思路。自主创新政策作为一种重要的科技发展政策，会通过产业关联、示范和外部激励等方式，促进高新技术产业发展。为此，本书将选择高新技术产业产值作为自主创新政策实施效果的衡量指标。

（三）控制变量

由于影响自主创新政策效应的因素很多，特别是在影响高新技术产业发展上，不可能穷尽所有的变量，为了避免遗漏关键变量，本书将选取两个控制变量：第一，从业人员规模。劳动力是决定经济发展的重要变量，尤其是对于技术密集型的高新技术产业，研发人才对其发展产生着重要的影响，因此选取 R&D 人员作为自主创新活动从业人员规模的衡量指标。第二，创新机构规模。创新机构的集聚，由于市场竞争机制的作用会产生一定的规模效应，激发自主创新活力，进而对高新技术产业的发展具有一定的影响，因此选取高新技术企业作为创新机构规模的衡量指标。

二、数据来源

考虑到数据的可获取性、代表性、时效性和可比较性，本书着重选取了"十五"时期（2001～2005 年）和"十一五"时期（2006～2010 年）31 个省份的年度数据作为数据来源①，并运用 Eviews 6.0 和 SPSS 18.0 软件对数据进行分析。其中，财政科技支出数据来源于《中国科技统计年鉴》（2002～2011 年)②；政府采购规模数据来源于《中国政府采购年鉴》（2002～2011 年）的政府采购的实际合同金额；金融信贷水平的数据来源于《中国金融年鉴》（2002～2011 年）各地区全部金融机构各项贷款；R&D 投入是指各地区研究与试验发展（R&D）经费内部支出；高新技术产业产值数据来源于《中国高新技术产业统计年鉴》（2002～2011 年）；R&D 人员数据来源于《中国科技统计年鉴》（2002～2011 年）的 R&D 人员全时当量；高新技术企业数据来源于《中国高新技术产业统计年鉴》（2002～2011 年）各地区高新技术企业数。

---

① 选取"十五"时期和"十一五"时期进行考察，主要基于以下原因：一是 2006 年既是中国发展阶段承上启下的关键一年，又是国家颁布实施《国家中长期科学和技术发展规划纲要（2006～2020）》若干配套政策的重要一年；二是由于中国经济社会发展规划具有明显的阶段性，因此选择这两个时期对未来发展规划具有较强的指导意义。

② 2001～2006 年的财政科技支出包括科技三项费（国家为支持科技事业发展而设立的新产品试制费、中间试验费和重大科研项目补助费）、科学事业费、科研基建费和其他科研事业费，2007 年政府收支分类体系改革后，财政科技支出包括"科学技术"科目下支出和其他功能支出中用于科学技术的支出，其实前后年度财政科技支出涵盖范围基本一致。

三、模型设定

由于面板模型不仅考虑到时间序列数据，同时还考虑到横截面数据，能够很好地反映研究对象在不同时间和不同单元的特征，因此本书将采用该模型对中国自主创新政策的总体效应和时空差异进行估计。依据选取的各项变量，本书建立的面板模型如下：

$$\ln Y_{(\text{TI})it} = \alpha + \beta \ln X_{(\text{FI, GP, FL, RD})it} + \theta \ln \text{CON}_{(\text{Labor, Company})it} + \mu_{it} \qquad (6\text{-}1)$$

式中，i 为省份，共选取 31 个省；t 为相应的年份，α 为总平均截距项；μ_{it} 为随机干预项，β 和 θ 为待估计参数向量，Y 为被解释变量，X 为解释变量，CON 表示控制变量，TI 表示高新技术产业产值，FI 表示财政科技支出，GP 表示政府采购规模，FL 表示金融信贷水平，RD 表示 R&D 投入，Labor 表示 R&D 人员，Company 表示高新技术企业。为了减少数据的波动和降低模型异方差性，对所有变量指标的数据均取自然对数来估计。表 6-1 给出了面板模型各变量的含义及其描述性统计。

表 6-1　变量的描述性统计

变量	Variable	Mean	Maximum	Minimum	Std. Dev
被解释变量	lnTI	5.61	9.95	1.11	1.93
解释变量	lnFI	2.47	5.37	−0.92	1.20
	lnGP	4.00	6.95	−0.46	1.32
	lnFL	2.13	2.38	1.52	0.14
	lnRD	3.68	6.75	−1.61	1.64
控制变量	lnLabor	10.20	12.75	5.39	1.34
	lnCompany	5.55	8.66	2.08	1.45

注：此表为 SPSS-18.0 计算结果。样本体积为 310，包含 31 个省份 2001～2010 年的观察值

四、模型检验

为了避免出现虚假回归（伪回归）现象，有必要对面板数据进行单位根检验，以检验数据的平稳性。面板单位根检验的方法较多，常用的有 LLC 检验、IPS 检验、Fisher-ADF 检验、Fisher-PP 检验、Hadri 检验等，本书将采用 LLC 检验方法对研究变量数列进行平稳性检验。从各个变量的面板序列生成的时序图形状来看，原值的检验模式应该选择含有截距项和趋势的检验模式，具体检验结果如表6-2所示。从表6-2可以看出，除变量 lnFL 在 10% 的显著性水平下显著外，其他变量均在 1% 的显著性水平下高度显著，由此可以认为 lnTI、lnFI、lnGP、lnFL、lnRD、lnLabor、lnCompany 等 7 个数列都是平稳的。

表 6-2　面板单位根检验结果

变量	统计值	p 值	变量	统计值	p 值
lnTI	−27.745	0.000	lnRD	−6.667	0.000
lnFI	−10.927	0.000	lnLabor	−11.983	0.000
lnGP	−19.523	0.000	lnCompany	−8.376	0.000
lnFL	−1.523	0.064			

第二节　实证分析与讨论

在对面板数据进行实证分析时，应选择适当的模型，因此需要进行面板模型的 LR 检验（冗余固定效应检验），若 F 值大于临界值，应选择固定效应模型；并在此基础上进行 Hausman 检验（随机效应检验），若 H 值大于临界值，应选择个体固定效应模型，否则将选择个体随机效应模型。

一、不同类别的自主创新政策效应

为了准确估计中国不同类别的自主创新政策效应，本书对解释变量和控制变量进行了回归，并根据面板模型的 LR 检验和 Hausman 检验结果选取较优的模型进行估计。表6-3 给出了中国 31 个省份"十五"时期和"十一五"时期自主创新政策效应的总体回归结果，模型Ⅰa、模型Ⅰb 和模型Ⅰc 分别为高新技术产业产值对解释变量（财政科技支出、政府采购、金融信贷和 R&D 投入）和控制变量（R&D 人员和高新技术企业）的混合效应、个体固定效应和个体随机效应模型的拟合结果。根据模型Ⅰb 中 LR 检验的 F 值（58.147）及其 p 值（$p=0.000<0.01$），可以摒弃混合效应模型；根据模型Ⅰc 中 Hausman 检验值（24.017）及其 p 值（$p=0.001<0.01$），可以拒绝随机效应模型，建立个体固定效应模型是较为合适的，所以模型Ⅰb 的回归结果较为准确。

表6-3　自主创新政策效应总体回归结果

自变量	模型Ⅰa 混合效应模型估计	模型Ⅰb 固定效应模型估计	模型Ⅰc 随机效应模型估计
常数项	4.811（4.457）***	0.083（0.068）	−0.772（−0.705）
lnFI	0.178（2.781）***	0.178（4.278）***	0.166（4.135）***
lnGP	−0.019（−0.455）	0.117（4.433）***	0.093（3.710）***
lnFL	−1.369（−2.292）**	0.322（0.540）	0.428（0.762）
lnRD	0.669（7.809）***	0.283（4.410）***	0.279（4.521）***
lnLabor	−0.447（−5.148）***	−0.015（−0.226）	0.008（0.128）
lnCompany	0.983（24.505）***	0.550（11.123）***	0.646（14.945）***
样本个数	310	310	310
截面数	31	31	31
调整的 R^2	0.956	0.993	0.929

自变量	模型Ⅰa 混合效应模型估计	模型Ⅰb 固定效应模型估计	模型Ⅰc 随机效应模型估计
F 值	1119.218***	1290.428***	670.867***
LR 检验		58.147***	
Hausman 检验			24.017***

注：括号内为 t 值，***、**和*分别代表1%、5%和10%的显著性水平

　　模型Ⅰb估计结果显示，2001～2010年各省份财政科技支出、政府采购和R&D投入对高新技术产业发展具有显著的正向效应，金融信贷尽管对高新技术产业发展具有较大的正向效应，但是这种效应却不显著；由于在分析中对数据做了自然对数处理，回归系数即为弹性，财政科技支出、政府采购和R&D投入每增加1百分点，高新技术产业产值分别增加0.178%、0.117%和0.283%，相对财政科技支出和政府采购来说，R&D投入对高新技术产业发展的促进效应更强。由此可以认为，2001年以来，中国制定实施的一系列自主创新政策均取得了积极的效果，尤其是自主创新基础政策的效果较为明显，紧接着是自主创新供给政策和自主创新需求政策，而自主创新环境政策虽然产生了较强的正效应，但不是很显著。

　　从控制变量的回归结果来看，R&D人员规模对高新技术产业发展具有一定的负效应，弹性为-0.015，但是不显著，这表明大量R&D人员过剩、闲置或作用得不到发挥，制约着高新技术产业发展，同时表明中国自主创新政策的实施绩效在一定程度上受到从业人员规模的影响。高新技术企业规模对高新技术产业发展具有显著的正向强效应，弹性高为0.55，即高新技术企业规模增长1%，高新技术产业产值随之提高0.55%，由此可见高新技术企业集群对于高新技术产业发展具有重要的推动作用，表明创新机构规模在很大程度上影响着自主创新政策效应。

二、自主创新政策效应的时期差异

2006 年，在全国科学技术大会上提出建设创新型国家，坚定不移地走中国特色自主创新道路。与此同时，国务院颁布实施《国家中长期科学和技术发展规划纲要（2006~2020）》，并制定出台若干配套政策。为探究自主创新政策的实际效应在 2006 年前后发生的结构性变化，恰逢 2006 年又是"十一五"时期的开局之年，因此本书将对"十五"时期和"十一五"时期进行分阶段回归（表6-4）。从 LR 检验和 Hausman 检验的结果可以看出，建立个体固定效应模型估计是较为合适的，为此将以模型Ⅰb 和模型Ⅱb 作为中国自主创新政策效应的时期差异分析依据。

表6-4 自主创新政策效应分阶段回归结果

自变量	"十五"时期（2001~2005 年）			"十一五"时期（2006~2010 年）		
	模型Ⅰa 混合效应估计	模型Ⅰb 固定效应估计	模型Ⅰc 随机效应估计	模型Ⅱa 混合效应估计	模型Ⅱb 固定效应估计	模型Ⅱc 随机效应估计
常数项	4.929 (2.915)***	-0.739 (-0.314)	-2.102 (-1.277)	4.902 (3.008)***	-1.898 (-1.124)	-1.546 (-1.018)
lnFI	0.183 (1.813)*	0.251 (3.118)***	0.235 (3.139)***	0.162 (1.806)**	0.135 (1.862)*	0.133 (1.966)*
lnGP	0.001 (0.022)	0.099 (2.377)**	0.057 (1.740)*	-0.040 (-0.576)	0.105 (1.735)*	0.059 (1.058)
lnFL	-2.160 (-2.379)**	0.981 (0.885)	0.963 (1.054)	-0.779 (-0.971)	2.000 (2.239)**	1.352 (1.675)*
lnRD	0.593 (4.383)***	0.231 (2.447)**	0.237 (2.690)***	0.724 (5.128)***	0.219 (1.920)*	0.288 (2.777)***
lnLabor	-0.301 (-2.183)**	0.034 (0.297)	0.072 (0.763)	-0.594 (-4.102)***	-0.153 (-1.697)*	-0.178 (-2.083)**

自变量	"十五"时期(2001~2005年)			"十一五"时期(2006~2010年)		
	模型Ⅰa 混合效应估计	模型Ⅰb 固定效应估计	模型Ⅰc 随机效应估计	模型Ⅱa 混合效应估计	模型Ⅱb 固定效应估计	模型Ⅱc 随机效应估计
lnCompany	1.027 (14.211)***	0.369 (4.180)***	0.588 (7.973)***	0.997 (18.008)***	0.592 (6.123)***	0.809 (12.911)***
样本个数	155	155	155	155	155	155
截面数	31	31	31	31	31	31
调整的 R^2	0.945	0.994	0.852	0.962	0.996	0.894
F值	438.034***	748.427***	149.34***	646.789***	1035.047***	216.841***
LR检验		44.155***			41.839***	
Hausman检验			27.364***			14.295**

注：括号内为 t 值，***、**和*分别代表1%、5%和10%的显著性水平

总的来看，除了金融信贷外，其他解释变量对高新技术产业发展在"十五"时期和"十一五"时期均具有显著影响，但是存在一定的差异。财政科技支出在"十五"时期具有显著的强效应，而"十一五"时期有所下降，弹性从0.251下降至0.135，表明自主创新供给政策的作用在逐渐减弱；政府采购效应在后一个时期有所提高，其弹性仅上升了0.006，这说明2006年国务院制定实施的《国家中长期科学和技术发展规划纲要(2006~2020)年》若干配套政策中关于政府采购支持自主创新的政策发挥了积极的作用，同时也在一定程度上表明自主创新需求政策在前后两个时期发挥着正向效应，后一个时期效应较强一些。R&D投入效应在后一个时期有所下降，其弹性下降了0.012，表明自主创新基础政策的作用相对来说有所减弱。金融信贷在前后两个时期的变化差异较为显著，"十五"时期金融信贷效应不显著，而在"十一五"时期效应更显著，且作用最强，弹性为2，这一方面表明金融发展对高新技术产业发展的促进作用具有规模效应，只有金融发展到一定规模时，金融才能对高新技术产业发展产生显著的促

进作用，而在此之前，金融发展对高新技术产业发展的影响是不确定的。这一研究发现与 Rioja 和 Valey（2004）、龙海明和柳沙玲（2008）的研究结果较为吻合。

在控制变量上，R&D 人员在"十五"时期的效应是正向的，但不显著，而在"十一五"时期表现出显著的负效应，弹性系数达–0.153，这表明"十一五"时期中国在激励自主创新实践中出现了 R&D 人员的规模不经济现象；相对前一个时期来看，高新技术企业规模的影响在"十一五"时期大幅度上升，弹性从0.369 上升至 0.592，表明企业集群对高新技术产业发展的作用在逐步加强。

三、自主创新政策效应的区域差异

中国无论是在自然地条件还是在社会经济发展水平方面均存在着一定的差异，为了考察自主创新政策效应是否存在区域性差异，本书还对东部、中部和西部地区进行了实证分析，具体分析结果如表6-5 所示[①]。从面板模型的 LR 检验和 Hausman 检验的结果来看，除中部地区运用个体固定效应模型进行估计较为合适外，东部地区和西部地区应建立个体随机效应模型，因在个体随机效应模型估计的 Hausman 检验中，东部地区的 p 值为 0.284，西部地区的 p 值为 0.674，均大于10% 的显著性水平，为此选取模型 Ⅰa、模型 Ⅱb 和模型 Ⅲa 作为中国自主创新政策效应的区域差异分析依据。

表 6-5　自主创新政策效应分区域回归结果

自变量	东部地区		中部地区		西部地区	
	模型 Ⅰa 随机效应估计	模型 Ⅰb 固定效应估计	模型 Ⅱa 随机效应估计	模型 Ⅱb 固定效应估计	模型 Ⅲa 随机效应估计	模型 Ⅲb 固定效应估计
常数项	3.104 (1.347)	2.623 (1.095)	–6.297 (–1.938)*	–9.349 (–2.598)**	–1.575 (–0.993)	–1.837 (–1.047)

---

① 本章对东部、中部和西部地区的划分，跟第四章第三节的划分标准一样，主要采用国家统计局的统计口径。

自变量	东部地区		中部地区		西部地区	
	模型Ⅰa 随机效应估计	模型Ⅰb 固定效应估计	模型Ⅱa 随机效应估计	模型Ⅱb 固定效应估计	模型Ⅲa 随机效应估计	模型Ⅲb 固定效应估计
lnFI	0.197 (3.334)***	0.189 (3.168)***	0.246 (2.452)**	0.252 (2.301)**	0.141 (2.041)**	0.146 (2.077)**
lnGP	0.154 (2.907)***	0.176 (3.173)***	0.013 (0.204)	−0.016 (−0.255)	0.080 (2.363)**	0.080 (2.228)**
lnFL	−1.337 (−1.189)	−0.940 (−0.811)	1.926 (1.269)	3.278 (2.059)**	0.627 (0.730)	0.918 (1.020)
lnRD	0.206 (1.445)	0.173 (1.149)	0.179 (1.381)	0.136 (0.995)	0.327 (3.780)***	0.310 (3.472)***
lnLabor	−0.012 (−0.127)	−0.018 (−0.180)	0.379 (1.980)*	0.492 (2.257)**	0.068 (0.707)	0.051 (0.497)
lnCompany	0.731 (9.042)***	0.692 (7.843)***	0.421 (3.414)***	0.286 (1.929)*	0.562 (8.243)***	0.530 (7.229)***
样本个数	110	110	80	80	120	120
截面数	11	11	8	8	12	12
调整的 R^2	0.938	0.991	0.928	0.958	0.926	0.992
F 值	276.694***	781.075***	171.381***	141.000***	250.027***	832.593***
LR 检验		57.732***		27.915***		***
Hausman 检验	7.418		16.271**		4.018	

注：括号内为 t 值，***、** 和 * 分别代表1%、5%和10%的显著性水平

总的来看，除政府采购和金融信贷外，财政科技支出和 R&D 投入在三个区域均具有正效应，其中财政科技支出在三个地区都具有显著性的正效应，在中部

地区较强，弹性为0.252，表明中国自主创新供给政策在三大区域上均取得了积极的实施效果；R&D投入仅在西部地区具有显著的强效应，弹性高达0.327，而在东部和中部地区的正效应不显著，表明中国自主创新基础政策实施存在一定的区域效应，该政策在西部地区的表现效果最好。政府采购在东部和西部地区具有显著的正效应，在中部地区却具有负效应，但不显著，表明中国自主创新需求政策存在明显的区域效应，该政策在东部和西部地区的积极效果较好。金融信贷在中西部均具有正效应，西部地区表现为显著的强效应（弹性高达3.278），而在东部地区表现出不显著的负效应，表明自主创新环境政策效应存在显著的区域差异，其中在西部地区实施效果较好。

从控制变量的回归结果来看，R&D人员规模对东部地区产生了不显著的负效应，而对中部和西部地区均产生了正向效应，但仅在中部产生显著的强效应，在西部地区这种正效应不显著。高新技术企业规模对三个地区均出现了显著的正向效应，其中，对东部地区的影响最大，弹性高达0.731；对中部地区的影响较小，弹性为0.286，其影响程度不及R&D人员规模（弹性为0.492）；而对西部的影响（弹性为0.562）远远超过R&D人员规模（弹性为0.068，不显著）。

第三节　研究小结与启示

本书以 Rothwell 和 Zegveld（1981）提出的创新政策类型为解释变量，以高新技术产业发展为被解释变量，以从业人员规模和创新机构规模为控制变量，采用面板数据模型的分析方法，运用"十五"时期（2001~2005年）和"十一五"时期（2006~2010年）31个省际面板数据，对中国自主创新政策效应的时空差异进行实证分析，研究结果表明：

第一，2001~2010年，中国制定实施的一系列自主创新政策取得了一定的积极效果，尤其是自主创新基础政策的效果较为明显，紧接着是自主创新供给政策和自主创新需求政策，而自主创新环境政策虽然产生了较强的正效应，但不是很显著。在未来的自主创新政策优化过程中，应重点关注自主创新环境政策，有必要进一步探究这一政策内部结构的实际效应，从而不断加强金融信贷和税收优惠对自主创新的激励作用。

第二，在不同发展阶段，中国自主创新政策效应具有明显的时期差异。其中，"十一五"时期的自主创新供给政策和自主创新基础政策的效应相对"十五"时期在逐渐减弱，自主创新环境政策在前一个时期的效应不显著，在"十一五"时期却表现出较为显著的强效应，而自主创新需求政策的效应在前后两个时期差异不是很大。因此，在"十二五"时期甚至是未来一段时期，构建不同类别自主创新政策的协调原则、方式和方法显得尤为重要，特别需要创建一个创新友好型的开放式创新政策框架，以服务于创新型国家建设。

第三，在不同自然地理条件和社会经济发展水平下，中国自主创新政策效应也具有明显的区域性差异。其中，自主创新供给政策在东部、中部和西部地区均取得显著的积极效应，但在中部的效应最强；自主创新需求政策在东部和西部地区具有显著的正效应，在中部地区却表现出不显著的负效应；自主创新环境政策在西部地区表现出较为显著的强效应，但在东部地区却表现出不显著的负效应；自主创新基础政策在东部和中部地区的积极效应不显著，却在西部地区表现出较为显著的强效应。由此来看，自主创新政策的全面优化和不同类别政策的协调机制构建需要考虑到不同地区的社会经济发展水平，尤其要考虑不同地区的各类政策实施效应和实际的需求状况，否则会出现不同类别政策抵触现象，从而很难实现政策效应最大化。

第四，从控制变量来看，创新机构规模对自主创新政策的时空效应均产生了显著的强影响。从业人员规模的影响差异较大，在"十五"时期表现出不显著的正向影响，"十一五"时期却表现出显著的从业人员规模不经济现象；对东部地区表现出不显著的负影响，对西部地区表现为不显著的正影响，但对中部地区却表现出较为显著的正向影响，影响力超过创新机构规模。为此，各地区在实施创新驱动发展战略中，加快高新技术企业聚集、积极扶持和发展高新技术企业是必然的选择，同时应着力加强对现有自主创新人才的优化，特别是对其知识和能力的培养和提升，在人才引进过程中应着重对其能力和预期作用的考察，切勿跟随片面的、大规模的人才引进之风。

第七章　自主创新政策的优化路径：
基于政策过程视角

　　未来一段时期是我国加快转变经济发展方式的攻坚时期，推动自主创新和提高自主创新能力对加快经济发展方式转变具有十分重要的意义。合理、可行以及具有可操作性的自主创新政策，对于激励自主创新、提高自主创新能力、建设创新型国家将发挥关键性的作用。上述研究结果，特别是"Q-E-P"模型中自主创新政策质量与政策执行力对政策绩效的作用机理，为本章全面优化自主创新政策拓宽了研究视角。为此，本章将以改善政策质量、提升政策执行力、提高政策绩效等为目标（简称"Q-E-P"目标），从政策过程的政策制定、政策执行、政策评估和政策终结等方面着手，提出优化自主创新政策的对策建议，勾画自主创新政策优化路径（图7-1）。政策制定是自主创新政策过程的首要环节，直接影响到自主创新政策质量的改善效果，因而在政策制定阶段推动形成一个科学、合理、适应国际国内发展形势的自主创新政策框架尤为重要。政策执行阶段与政策执行力提升息息相关，上述研究发现，政策协调性对执行力的影响不显著，在一定程度上反映了我国自主创新政策协调性对于提升政策执行力没有发挥积极显著的作用，应成为政策执行阶段关注的重点。政策评估是考察自主创新政策绩效的重要手段和工具，建立健全自主创新政策评估制度将有助于提高自主创新政策绩效。另外，政策终结是一项复杂的系统工程，其成败直接影响到自主创新政策质量、政策执行力和政策绩效。因此，政策终结阶段很难区分究竟是属于政策质量的改善过程，还是属于政策执行力的提升过程，或者是属于政策绩效的提高过程。

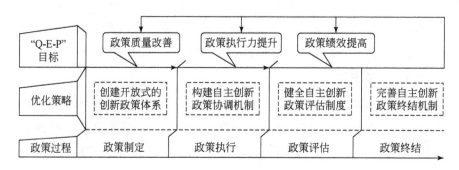

图 7-1　自主创新政策的优化路径图

第一节　创建开放式的创新政策体系

政策制定不是一个简单的政府行为过程，而是一个复杂的活动过程，包括议程设立、方案规划和方案合法化等。政策实施中暴露出的政策冲突，其实就是政策制定的问题。把握好政策制定环节，提高政策制定质量，是改进和优化政策的前提和基础，而转变政策制定方式则是关键的一环。因此，在自主创新政策制定过程中，应该遵循差异性、系统性、灵活性原则，结合系统论的方法，将局部利益与整体利益、眼前利益与长远利益、国内环境与国际环境、主要目标与次要目标有机地结合起来，充分考虑不同的政策工具之间互相支持、协调配套，各类政策之间相互联系、相互配合、相互影响、相互制约，推动形成一个有机协调的面向全球的开放式自主创新政策体系。

一、设计开放式创新政策体系的目标

开放式创新，是一个针对组织创新系统的微观概念，首次由美国学者Chesbrough（2003）提出，源于对知识经济时代技术创新环境复杂变化背景下企业为适应环境自发调整创新模式的现象总结。在知识大爆炸时代，即使是跨国公司也很难实现所有技术的自给，开放式创新成为新形势下个体组织创新的必然选择。企业是创新的主体，提高企业创新系统的开放度，增强企业搜索知识、获取知识、吸收知识、利用知识的能力，并反馈推进企业内部研发能力的提升，是实现自主创新和协同创新的前提。同样，开放式创新也是国家创新体系内部所有主体实现协同的前提条件。

自主创新是国家创新系统建设的目标概念，协同创新是国家创新体系建设的过程宏观概念，而开放式创新是组织层面的微观概念。自主创新是战略目标，协同创新是实现途径，开放式创新是前提条件。因此，只有诸多创新主体强化开放式创新，才会激发知识的流动推进产学研的协同，才能提高自出创新能力，进而实现创新型国家建设的目标。

党的十七大明确提出，提高创新能力，建设创新型国家，是国家发展战略的核心，更是提高综合国力的关键。党的十八大再次强调，创新驱动战略是国家的核心战略。同时，随着科技信息的飞跃发展，各国之间的政治、经济贸易相互依存，全球化已成为人类社会发展的主要趋势。因此，加强我国创新体系建设，加快推进实施创新驱动战略，努力将我国建设成为创新型国家，势必需要创造一个创新友好型的面向全球的开放式创新政策框架。

当前，作为我国创新主体的企业，在开放式创新过程中的研究和开放阶段仍然困难重重，其中最为突出的问题在于推进开放式创新过程中的外部资源获取和商品市场化甚为艰难。其实，很大一部分企业很难实现技术市场化，究其主要原因在于缺乏开放式创新支撑政策。为此，推动开放式创新的总体目标就是结合我国的现实国情，在科学技术是第一生产力的框架下，切实制定激励自主创新的有关措施，利用好国内外各种创新资源，进一步激活我国创新潜力，不断激发创新机构特别是企业的创新活力，逐步推动我国企业的创新实践融入到全球创新潮流前沿，甚至成为世界创新的引领者。

二、制定开放式创新政策工具的原则

(一) 差异性原则

我国地域辽阔，区域之间差异较大，创新资源特点、社会经济发展水平、科学技术发展水平等不尽相同，同时各地区的自主创新能力也存在着现实差距。制定出台开放式创新激励政策，不仅需要与不同区域的社会、经济、科技条件相适应，与创新的相关产业和行业的现实相适应，且政策的制定必须在激发开放式创新活力的同时，实现推动区域间自主创新能力的协调发展，否则就会失去政策公平性这一重要特征，区域创新差距不仅会越来越大，也会在一定程度上造成资源浪费，有形无形地增加政策成本。为此，必须突破已有创新政策框架体系，制定设计更为科学、客观、符合区域创新发展特点的开放式创新政策工具，最大限度地提高各区域利用外部创新资源的能力和水平，实现经济、社会与科技协调发展。

(二) 系统性原则

制定出台科学、具有针对性的激励开放式创新政策，需要遵循全面、系统性的基本原则，既要突出以激发创新活动为核心，也要全面、系统、综合地考虑各种创新资源要素，如人才、资金、技术等，将促进开放式创新的目标任务渗透到涉及科技进步、知识产权保护、科技成果转化等一系列推进创新的各种政策的制定过程中，实现创新政策系统化和创新要素一体化。此外，制定出台创新政策措施要处理好创新主体政策需求水平与政策供给的关系，政策供过于求，会造成政策资源浪费；政策供不应求，则无法实现创新驱动战略目标。

(三) 灵活性原则

在推进自主创新实践过程中，创新政策框架设计的系统性原则可以说是要求政策的覆盖面上不留真空地带，而灵活性原则则是要求创新政策的深度要适宜。因为推动创新的过程是一个长期的过程，尽管在创新政策出台前经过了多方的反复论证或多地的试验，但还是无法避免很多影响政策实施的因素，创新政策制定得太死不利于后期的调整。为此，在制定出台创新政策的源头，不仅要重点突出以激活创新活力为核心的设计理念，同时还应注意政策措施的灵活性、可行性、可持续性、可操作性，以便在执行阶段切合实际便于实施。

三、开放式创新政策体系建设的任务

创建面向全球的开放式创新政策框架的目的，就是要明确推动开放式创新的具体目标，以及实现这一目标的各种制度安排。根据我国现实国情，结合我国自主创新能力水平现状，在创建面向全球的开放式创新政策框架的过程中，除了必须要符合相关法律法规的要求外，应着重关注以下几个方面。

(一) 争取纳入国家创新体系建设的核心位置

创新体系是一个国家竞争力的重要源泉，国家创新体系建设是不断提升国家竞争力的重要途径和有效手段。一个健全的国家创新体系，应该是一个开放、互动、充满活力和竞争力的创新体系。可以认为，国家创新体系是创新型国家的灵魂和焦点，是制定各种创新政策的重要标尺。《国家中长期科学和技术发展规划纲要 (2006～2020年)》明确指出，国家创新体系是以政府为主导、充分发挥市场配置资源的基础性作用、各类科技创新主体紧密联系和有效互动的社会系统。因此，只有将创建面向全球的开放式创新政策框架纳入到国家创新体系建设的核心位置，才能分享更多的国家政策资源，运用各种相关投融资政策、税收优惠政策、政府采购政策、知识产权保护政策、标准化政策和人才开发政策等，从而更好更快地激活全社会的创新活力，不断提高我国自主创新能力。

(二) 掌握自主创新机构的实际政策需求程度

全面了解和掌握自主创新机构（如企业、科研院所、高校、创新服务机构等）对自主创新政策的实际需求程度，是进行自主创新政策内容设计的前提和基础。因此，政策制定者要掌握和了解清楚不同类别的自主创新机构对自主创新政策的需求类别、需求内容、需求强度、需求时间和需求的优先次序，才能设计出合理性、可行性和可操作性的自主创新政策工具。

(三) 分区域、分领域制定出台创新政策工具

从实证调查来看，自主创新机构覆盖的技术领域较多，包括电子信息技术、

生物与新医药技术、航空航天技术、新材料技术、科技服务业、新能源及节能技术、资源与环境技术等。由于不同领域的创新机构发展水平、产品服务特点、技术水平、吸取外部资源能力不尽相同，因此不同领域的创新机构对创新政策的需求也是千差万别的。同时，还存在不同地区的经济、社会和科技发展水平不尽相同，因此不同地区对创新政策的需求水平也是不一样的。所以，在对创新政策设计的过程中，必须要区别对待，分区域、分领域制定出台各种创新政策工具。

第二节　构建自主创新政策协调机制

改革开放以来，我国制定实施了涉及科技进步、知识产权保护、科技成果转化、人才开发等一系列推进自主创新的法律法规及相关政策措施，对促进自主创新活动和高新技术产业发展营造了良好的政策环境。但由于我国条块分割较为严重，不同类别的自主创新政策通常是由国家不同部委制定出台和实施的。然而，不同类别的自主创新政策之间可能会存在一定的冲突，同时不同的政策监管部门之间和不同的创新主体之间也有可能存在一定的利益冲突，导致政策执行不力、难有作为，从而削弱或抵消自主创新政策的实施效果。因此，全面提升自主创新政策执行力，必须从政策协调机制上下工夫，促进不同部门、不同类别的自主创新政策协调配合。

一、进一步优化行政组织结构

从我国自主创新政策的制定、执行情况来看，不同类别的自主创新政策并非由同一部门负责，有的政策是由单独的政府职能部门负责，有的则是由多个部门负责，若没有科学、合理、可行的协调机制，政府部门、职能分割现象将会变得越来越严重，这势必会带来自主创新政策的"碎片化"问题，尤其是职能部门之间的推诿扯皮问题。当然，从政府职能部门体系设置来看，部门间的职能分工管理不是绝对性的，每个职能部门的权力是非常有限的，因此很难完全把握管理活动的全过程，有时必须依靠其他职能部门才能共同完成。为了破解职能部门在自主创新政策制定、执行过程当中的权力分割问题，只有加快行政管理体制改革，加大不同部门的相近或相似职能整合力度，尽量将不同类别的自主创新政策管理工作交由不同的职能部门独立负责，变职能部门推诿扯皮为部门内部协调。长远发展来看，真正要彻底解决自主创新政策管理过程中权力交叉、机构重叠、政出多门等一系列问题，必须要严格按照党的十八届三中全会通过的《中共中央关于全面深化改革若干重大问题的决定》中关于优化政府组织结构改革要求，进一步优化政府机构的设置、职能的配置以及工作流程，建立健全有关自主创新政策管理中的决策权、执行权和监督权既相互制约又相互协调的行政运行机制。

二、完善职能部门间协作机制

国内外公共管理实践表明，政府的职能部门再大也是有一定边界的，只要职能分工还存在，职能部门之间必然会产生协调配合的各种问题。由于每一个部门的职能是有限的，有的自主创新政策从制定到执行涉及多个职能部门，需要不同部门间的协调配合，因此要处理好部门间的协调合作关系，需要建立部门间协作机制，有效避免自主创新政策"碎片化"问题。为了解决不同职能部门的协调合作问题，欧美国家通过消减职能机构或建立跨机构协调配合小组，将这些机构权力进行整合。党的十八届二中全会审议通过《国务院机构改革和职能转变方案》提出，要加快形成权界清晰、分工合理、权责一致、运转高效、法治保障的国务院机构职能体系，切实提高政府管理科学化水平。从我国历次的机构改革实践来看，大多是采取划清部门职能边界和整合部门职能来解决部门间权责重叠的问题，而相对忽视部门间的协调合作问题。因此，促进我国不同类别自主创新政策的有效协调，需要建立机构职能协作分工机制，实现跨部门间协调合作制度化与常态化，进一步整合部门相关资源，不断提高对自主创新政策管理的统筹能力。具体来讲，自主创新政策管理工作应该由一个专门的机构来牵头负责，其他相关职能部门配合，形成执行自主创新政策协调机制的专门小组，重点负责处理自主创新政策协调工作中的各种事务。总之，只有实现顺利畅通的沟通渠道，方可保障自主创新政策协调机制顺利运行。

三、建立区域间政府协作机制

我国由于存在行政区划的限制，不同行政区的政策环境与条件大不相同，政策执行力也不同，特别是地区分割致使自主创新政策在实施过程中不协调问题加剧。"十三五"规划纲要明确要求，不断深化区域间合作，推进区域间实现良性互动的发展，逐步缩小区域发展差异。我国沿海地区经济社会发展经验表明，促进区域优势互补和有效协作，是实现经济社会可持续发展的重要途径。自主创新政策的有效执行，也应该重视省级区域的协作，特别是激励自主创新政策的税收政策、人才开发政策、专利保护政策等方面，通过协作将各种政策资源进行跨区域整合，形成区域间合作机制、援助机制以及利益补偿机制，解决地区分割导致的政策管理问题，实现区域共享自主创新政策带来的政策资源和发展机遇。只有建立区域间政策协作机制，突破行政区划的限制，才能解决当前自主创新政策实施过程中各自为政的现状。要解决区域间自主创新政策实施的不协调问题，还应完善地方政府绩效考核体系，将区域协作贯彻执行政策的有效性纳入绩效考核体系，激励地方政府积极改善自主创新政策管理过程中的差距，从而为自主创新政策协调机制创造良好的行政环境。

四、构建参与式政策管理格局

当前，政府已经不再是公共决策和公共管理的唯一主体，社会组织和社会公众开始积极参与政府治理，发挥着重要的作用。自主创新政策作为我国自主创新管理的重要工具，覆盖行业广，涉及利益群体多，其质量、执行力和实施效果等均关系到我国创新驱动发展战略的成败，关系到我国建设创新型国家的进程。因此，为了避免不同类别的自主创新政策发生冲突和抵触，促进不同类别的自主创新政策之间有序协调发挥作用，政府作为重要的责任主体就应该要树立协同治理的理念，让广大利益相关者（自主创新机构、社会组织、社会公众等）参与到自主创新政策管理中来，包括政策制定、执行、评估和终结等环节，形成政府主导、其他利益相关者参与的自主创新政策管理格局，不断培育政策管理活动的合作力量，积极动员和引导各种利益相关者参与自主创新政策的制定、执行、评估和终结等活动。建立参与式自主创新政策管理机制，不仅可以发挥社会群体的智慧和力量，吸纳和整合社会资源，还能够有效解决自主创新政策在制定、执行、评估和终结过程中的信息不对称问题，让广大利益相关者成为政策的制定者、政策的宣传者、政策的执行者、政策的监督者，推动政策管理活动成为我国更具建设性、包容性、合作性的重要协商民主形式。

第三节　健全自主创新政策评估制度

政策评估是政策过程的一个关键环节，也是进一步提高政策绩效的重要手段。自主创新政策的运行和发挥效果是一个动态的过程，包括政策制定、政策执行、政策终结等环节，每个环节都离不开政策评估，可以说没有政策评估的支持，整个政策系统是无法正常有效地运行的。目前，对我国自主创新政策的专门性评估工作做得不够，大多是政府内部的自我评估，这种评估方式很难避免评估结果的失真和无法使社会信服，缺乏外部评估方式。因此，全面推行自主创新政策评估，开展自主创新政策的事前、事中和事后评估，是提升自主创新政策质量、规避和减少自主创新政策实施风险、提高自主创新政策实施绩效的重要手段，是加快法治政府、责任政府、民主政府、高效政府建设的必然要求，是推进治理体系和治理能力现代化的有效途径。

一、成立自主创新政策评估工作领导小组

近年来，我国一些地方政府认识到政策评估的重大意义，开始着力推行政策评估。上海市闵行区在全国率先成立了政策评估领导小组，有序地推进政策评估工作，2013 年完成了 7 项政策出台前评估、2 项政策实施后评估、1 项政策社会稳定风险评估，取得了预期的效果，受到了社会各界广泛关注。但总体而言，我国自主创新政策评估实践仍是随意的、碎片化的，缺乏组织协调机制，缺乏坚强的领导机构。为了在全国范围内全面推行自主创新政策评估，可以借鉴上海市闵行区的成功经验，分别在中央、省、地市各级政府成立自主创新政策评估领导小

组，负责统筹部署各级政府的自主创新政策评估工作。以省级政府为例，省级自主创新政策评估领导小组可由省政府分管副省长担任组长，省人大常委会、省政协相关领导担任副组长，省委办公室、省委研究室、省人大办公室、省政府办公室、省政协办公室、国家发改委、监察局、财政厅、审计局等部门主要领导任领导小组成员。领导小组主要负责统筹部署自主创新政策的评估工作，为全面推行自主创新政策评估提供坚强的组织保障。

二、制定《自主创新政策评估实施办法》

真正有效地开展自主创新政策评估，制度保障必不可少。西方发达国家在政策评估方面均制定和出台了相关的法规政策，有力地推动政策评估的开展。日本于 2001 年颁布《政府政策评估法案》，并出台了推行政府政策评估法案的实施细则，如《执行政府政策评估法案的条例》（2007 年）、《实施政策评估的基本指南》（2007 年）等。相比之下，我国公共政策评估法律保障机制缺失，具体程序和评估方式缺乏法律规范，公共政策评估工作难以全面、顺利开展。2012 年，上海市闵行区在全国率先制定出台《关于推行公共政策评估的实施办法（试行）》。为了确保自主创新政策评估工作的独立性、规范性和制度化，亟须研究制定具有指导性的、可操作性的法律规范。建议组织公共政策和法律专家研究制定《自主创新政策评估实施办法》，对自主创新政策的评估原则、评估主体（或机构）、评估指标、评估程序、评估方法、评估报告撰写、评估结果运用等事项作出明确的规定，为全面推行自主创新政策评估提供法规政策保障。

三、设立自主创新政策评估工作专项资金

自主创新政策评估是提高自主创新政策配置绩效的重要手段，同时也是一项复杂的系统工程，需要各种专业人才和社会各界相关人士的有效参与，需要通过听证会、座谈会、现场访谈、问卷调查和实地考察等多种途径，采集大量的评估资料和数据。因此，有效地开展自主创新政策评估，离不开财政资金的有效保障。上海市闵行区将政策评估资金纳入年度财政预算，根据每年政策评估计划合理安排评估经费，并且年度评估工作计划与财政预算编制同步完成。为了在全国

各级政府全面推行自主创新政策评估，很有必要设立自主创新政策评估的专项资金，将自主创新政策评估经费纳入各级政府的年度财政预算，根据每年确定的自主创新政策评估数量和种类，合理安排评估经费，专项用于自主创新政策评估工作。

四、建立专门的自主创新政策评估专家库

自主创新政策评估是一项专业性很强的工作，在评估对象识别、评估指标设计、评估程序安排、评估方法运用、评估结果处理、政策建议提出，以及评估报告撰写等方面都需要依靠专家的力量。强有力的专家支撑，是成功推进自主创新政策评估的重要基础。上海市闵行区精心遴选了一批具有丰富理论和实践经验的专家学者，建立并实时更新自主创新政策评估专家库。专家库分为综合专家组和行业专家组。综合专家组，主要由高等院校、科研院所、市综合部门和社会组织的专家组成。行业专家组主要是由市相关职能部门、区人大常委会相关工作委员会、区政协专门委员会和行业领域的专家组成。全面推进自主创新政策评估工作实践，可以借鉴上海市闵行区的成功经验，尽快建立自主创新政策评估专家库，并实现中央、省、地市和县市各级政府自主创新政策评估的资源共享，为全面推行自主创新政策评估提供专家支撑。

五、加强自主创新政策评估宣传培训工作

自主创新政策评估是自主创新政策过程的重要环节，是提升自主创新政策资源配置的有效途径，但在我国还是刚刚启动的新事物。要在全国范围内全面推行自主创新政策评估，必须得到各级政府及政府部门，以及社会公众特别是利益相关者的广泛支持。为此，需要通过广播电视、报刊、政府网络等媒体工具努力做好宣传教育工作，让各级政府和部门领导深刻地认识和懂得什么是自主创新政策评估，为什么要开展自主创新政策评估，如何开展自主创新政策评估？通过广泛的宣传教育，统一思想，在全国营造自主创新政策评估的良好氛围。此外，还要组织开展系列专题培训，对各级政府的自主创新政策评估领导小组及相关部门负责人进行自主创新政策评估理论、方法与技术的专题培训，让他们有机会系统地

学习自主创新政策评估的专业知识，强化自主创新政策评估的专业能力，提高他们对自主创新政策评估的领导能力和统筹协调能力。

第四节　完善自主创新政策终结机制

政策如同人的生命一样，也有生命周期，终归也要死亡，即政策终结。政策终结作为政策过程的重要环节之一（朱春奎等，2012），是加快政策新陈代谢，促进政策更新发展的基本手段。推进政策终结，能够协调不同类别政策的密切配合，缓解和解决政策之间的冲突与矛盾，推动政策有序有效地运行。同时，政策终结也是优化政策体系、提高政策质量的重要途径。当前，我国正值创新型国家建设的转型期，大量自主创新政策的终结工作需要做，可是目前的政策终结工作行为并不规范，很多旧的政策仍然滞留在创新政策体系中，同时新的政策数量与日俱增，政策积压现象较为严重，成为自主创新政策过程的一个薄弱环节。政策终结工作不规范行为的产生，根本原因是政策终结没有形成制度。因此，建立一套自主创新政策终结制度，规范选择政策废止、政策替代、政策合并、政策分解、政策缩减、政策法律化等政策终结方式的行为，是促进自主创新政策更新发展的必然选择。

一、建立自主创新政策自动终结机制

当前，我们面临的国内国际形势变得日益复杂，很多不确定、不稳定的政策环境因素依然存在，因此强调和凸显政策的时效性显得越来越重要。在政策的实施过程中，不管是政策的边界问题，还是对政策方案的挑选，都必须要重视政策的时效性问题，这对自主创新政策来说甚为重要。建立自主创新政策终结机制，严格规定政策发挥效力的特定期限，到期后就会自动终结，不仅有利于自主创新政策管理者能够很好地把握自主创新政策过程的进度，增强自主创新政策管理者的紧迫感，进一步提高自主创新政策质量和执行力，同时还能够在一定程度上提升自主创新政策的实施绩效水平。然而，对于到期的自主创新政策，应该通过专门性的政策绩效评估，方可选择终结或继续。此外，建立自主创新政策自动终结机制，还应该要考虑终结的时限必须与现行政策运行的周期契合，挑选政策终结的合适时机，这有助于避免到期的政策终结对其他政策工具产生消极影响。

二、设置自主创新政策延续门槛标准

在对到期的政策评估结果中，有的政策工具效应还未得到极大的发挥，需要继续延续实施，因此如何判断即将到期的自主创新政策工具是延期还是终结，这就需要制定严格的自主创新政策延续门槛标准。根据自主创新政策延续的标准条件，决定即将到期的政策是延续还是终结，能够给自主创新政策执行者传递一个政策绩效水平信息，促使他们在政策执行过程中对工作进行调整。自主创新政策延续门槛标准要明确指出处于什么样的政策绩效水平属于最低绩效水平，处于什么样的绩效水平又属于最高政策绩效水平，这些问题是需要通过对以往政策终结实践工作进行深入的研究才能回答的。然而，以政策绩效水平高低作为判断即将到期的自主创新政策工具延续的标准，还是需要经过专门的政策评估的。当对快要终结的自主创新政策进行评估时，若绩效水平低于最低绩效标准，那就抓紧时机终结；若绩效水平高于最低绩效标准，那就进一步完善延续。需要注意的是，自主创新政策延续的门槛标准需要考虑到政策环境因素，并保持一个适度的范围，选择合理的延续门槛标准，否则会造成不必要的损失，延续政策的稳定性、连续性、协调性和公平性。

三、构建自主创新政策实施监控系统

无论是自主创新政策的评估，还是对自主创新政策终结，最为重要的就是对自主创新政策实施情况的相关数据信息采集。由于我国在政策管理过程中相对忽视对政策实施过程中的政策信息管理，导致在政策评估和终结阶段很难采集到全面的政策实施情况相关数据。因此，全面了解和掌握自主创新政策实施情况，需要建立自主创新政策实施监控系统，对自主创新政策过程，包括方案制订、执行、未来走向等各种信息进行跟踪和预测，形成一个动态的自主创新政策运行监控系统。该监控系统的内容应该包括对自主创新政策的制定者、执行者、监督者、作用对象以及政策目标、政策实施状况等方面进行全面系统的监控。其实，自主创新政策实施监控系统可以看做是涵盖自主创新政策过程的管理信息系统，根据该系统监控反馈的信息，可以掌控自主创新政策的运行状况和发展趋势，不仅有助于政策管理者作出科学、合理的政策终结决策，还能在一定程度上提升我国公共政策管理的科学化水平。

四、组建自主创新政策终结工作机构

政策的终结工作是一项复杂的管理活动，涉及政策相关的人力、物力、财力等资源，因此需要建立一个组织机构来负责协调管理。自主创新政策终结工作也不例外，更需要一个组织机构来负责执行实施。然而，自主创新政策终结工作机构，既可以是常设机构，也可以是临时性的或特设的组织机构，比如可以由科技部负责牵头其他相关部门参与组建自主创新政策终结工作小组或工作委员会，作为执行自主创新政策终结任务的组织机构。自主创新政策终结工作机构创建起来以后，应赋予其合法的权力，使其工作开展具有法律制度保障，能够将政策终结活动不断推向前进，改变以往相关政策终结工作的无序状态，推进自主创新政策终结工作制度化、规范化、科学化运行。

第八章　研究结论与展望

本章将重点总结本书的主要结论以及可能存在的几点创新，在此基础上指出研究中存在的局限与不足，并展望后续研究工作的重点与方向。

第一节　研究主要结论

本书在我国大力推进实施创新驱动发展战略、建设创新型国家的背景下，着力探讨自主创新政策的供给演进、绩效水平、政策质量、政策执行力、政策优化等关键性问题。在系统文献调研的基础上，借鉴国内外相关研究成果，提出自主创新政策量化分析的三维分析框架，对我国改革开放以来颁布实施的自主创新政策进行量化分析；以 OECD 绩效审计的 "4E" 评价框架为基础，构建自主创新政策绩效测评指标体系，对指标概念进行细化，设计具有良好信度和效度的自主创新政策绩效测评问卷，并对我国东、中、西部共 300 家企业（有效问卷 247份）进行实证测评，考察我国自主创新政策的实施绩效；基于政策过程的视角，采用路径分析方法，揭示自主创新政策质量与执行力对政策绩效的实际影响及其影响机理；最后，从改善政策质量、提升政策执行力、提高政策绩效等方面着手，提出全面优化自主创新政策的对策建议。总的来看，本书的主要研究结论包括以下几个方面：

第一，自主创新政策的供给演进。借鉴 Rothwell 和 Zegveld（1981）、彭纪生等（2008a）、盛亚和孙津（2013）等的研究成果，结合政策构成的基本要素，从政策工具、政策目标和政策力度等维度，构建了自主创新政策量化的三维分析框架，并提出具体的量化标准。以改革开放以来与自主创新密切相关的 346 项政策文本为研究政策样本，通过组建政策量化分析团队，严格政策量化标准，对每项政策文本的颁布时间、颁布机构、政策名称、政策措施、政策目标、政策效力等方面进行记录、计分，形成自主创新政策量化分析数据库。对量化结果进行统计分析表明，改革开放以来，我国自主创新政策的供给特征表现为政策数量呈现上升趋势、政策规定缺乏强制性规范、颁布机构表现出较高协同度、政策工具以环境型为主、政策目标侧重自主创新管理能力和支撑能力等。另外，根据自主创新政策颁布实施的背景，结合自主创新政策的集聚特点和重点以及不同年份的政策量化统计分析结果，可以将改革开放以来我国自主创新政策的演进划分为四个阶段。从自主创新政策的演进路径来看，政策重点经历了从重构科技体制、建立研发投入机制到促进科技成果转化，再到构建创新体系的过程，实质上演绎了我国建设创新型国家的改革过程。

第二，自主创新政策绩效的测量。根据 OECD 绩效审计的"4E"评价框架，即经济性（economy）、效率性（efficiency）、效益性（effectiveness）和公平性（equity），构建了包括 4 个维度 12 项指标内容的自主创新政策绩效测评指标体系。以确定的自主创新政策绩效测量指标为依据，按照公共政策测量问卷设计的理论、方法与程序，采用李克特五点量表法，设计了"自主创新的政策绩效"测量问卷。在浙江省范围内，选择 100 家（有效问卷 76 份）自主创新企业进行测试，结果表明"自主创新的政策绩效"测量问卷具有良好信度和效度。采用方便取样法，在东、中、西部选择 300 家（有效问卷 247 份）自主创新企业进行实证测量。均差赋权法统计分析结果显示，我国自主创新政策实施的总体绩效处于中等偏上水平，在构建的自主创新政策绩效"4E"评价框架中，自主创新政策的效益性绩效得分最高，其次是效率性绩效，而公平性绩效和经济性绩效相对较低；从不同地区来看，东部地区的绩效水平相对高些，其次是中部地区，而西部地区的绩效水平相对较低；对于不同类型的企业，无论是在总体绩效还是单项绩效方面，自主创新政策的作用效果均不尽相同，其中作用于地市级高新技术企业和其他类企业的政策绩效水平相对较高，而作用于国家级高新技术企业和省级高新技术企业的政策绩效水平相对较低；在不同企业规模中，员工在 300~500人的企业中政策作用效果相对较好，规模在 100~300 人以上的企业中政策作用效果相对一般。采用主成分分析结果表明，自主创新政策可以划分为直接绩效和间接绩效两个方面，不仅内涵明确、界定清晰，操作起来还比较简便。整体上看，我国自主创新政策的直接绩效明显高于间接绩效。同时，方差分析结果表明，不同地区的自主创新政策间接绩效不存在显著性的差异，不同地区的自主创新政策直接绩效却存在显著性的差异，其中东部地区显著性地高于西部地区。其次，作用于不同企业类型的自主创新政策间接绩效水平均存在着显著性的差异，作用于国家级高新技术企业的政策间接绩效水平相对较低；而作用于不同企业类型的自主创新政策的直接绩效不存在显著性差异。此外，无论是在自主创新政策的直接绩效方面，还是在间接绩效方面，对于不同企业规模来说均不存在显著性的差异。

第三，自主创新政策质量与执行力对政策绩效的作用机理。本书从政策过程着手，厘清了自主创新政策质量、政策执行力和政策绩效之间的作用关系，构建了自主创新政策质量与政策执行力对政策绩效影响的"Q-E-P"作用机理模型。以 Scartascini 等（2013）提出的政策质量特征（稳定性、适应性、协调性和连续性）作为识别我国自主创新政策质量的关键测评维度，以 Edwards Ⅲ 和 George（1980）提出的政策执行力模型为基础，设计具有良好信度和效度的自主创新政策质量与执行力测评问卷。实证测评结果表明，我国自主创新质量总体处于中等水平，而政策执行力状况处于中等偏上水平。对自主创新的政策质量与政策执行力进行典型相关分析结果表明，自主创新政策质量与政策绩效变量之间存在相互依存的关系。对自主创新政策执行力与政策质量和政策绩效研究变量进行 Pearson 相关分析结果表明，自主创新政策执行力与政策稳定性、适应性、协调性、连续性、直接绩效和间接绩效之间均存在显著的正相关关系。在此基础上，采用路径分析方法，构建了初始路径分析模型，可是适配度检验结果反映，初始路径分析模型的适配情况不是很理想，需要进一步的修正。在模型修正过程中，删除路径系数绝对值较小的两条影响路径，通过删除"政策协调性→政策间接绩效"和"政策协调性→政策执行力"两条影响路径，增加"政策直接效果→政策间接效果"的影响路径后，模型适配效果得到了提高，适配效果比较理想，并与实际的样本数据可以适配。假设检验结果显示：自主创新政策的稳定性、适应性和连续性对政策执行力均具有显著的正向影响，其中政策连续性的影响最大，而政策适用性的影响相对较小；自主创新政策稳定性、适应性、连续性、协调性和执行力对政策直接绩效均具有正向的影响，其中政策协调性的影响强度最大，而政策适用性的影响相对较小；从对自主创新政策间接绩效的影响来看，政策的稳定性、适应性、连续性、协调性、执行力和直接绩效对其均具有正向的影响，其中政策连续性的影响最大，而政策执行力和政策稳定性的影响强度相对较小。另外，自主创新政策的稳定性、适应性和协调性不仅对政策直接绩效产生直接的作用效果，还通过政策执行力对政策直接绩效产生间接作用。同时，自主创新政策协调性对政策间接绩效的影响程度相对较小，这种影响作用却是完全通过政策直接绩效的中介作用发挥的。

第四，自主创新政策的时空效应。本书以 Rothwell 和 Zegveld（1981）提出的创新政策类型（创新供给政策、创新需求政策、创新环境政策和创新基础政策）为解释变量，以高新技术产业发展为被解释变量，以从业人员规模和创新机构规模为控制变量，利用面板数据模型对中国"十五"和"十一五"时期 31 个省份的数据进行实证分析。研究结果发现，长期来看，不同类别的自主创新政策均具有正向的效应，尤其是自主创新基础政策效应较为明显，接着是自主创新供给政策和自主创新需求政策，而自主创新环境政策虽然产生了较强的正效应，但不是很显著。对于不同发展阶段，不同类别的自主创新政策效应具有明显的时期差异。"十一五"时期的自主创新供给政策和自主创新基础政策的效应相对"十五"时期在逐渐减弱，自主创新环境政策在前一个时期的效应不显著，在"十一五"时期却表现出较为显著的强效应，而自主创新需求政策的效应在前后两个时期差异不是很大。对于不同的自然地理条件和社会经济发展水平的地区，不同类别自主创新政策效应存在着明显的区域性差异。其中，自主创新供给政策在东部、中部和西部地区均取得了显著的积极效应，但在中部的效应最强；自主创新需求政策在东部和西部地区的具有显著的正效应，在中部地区却表现出不显著的负效应；自主创新环境政策在西部地区表现出较为显著的强效应，但在东部地区却表现出不显著的负效应；自主创新基础政策在东部和中部地区的积极效应不显著，却在西部地区表现出较为显著的强效应。

第五，自主创新政策的优化路径。本书以改善政策质量、提升政策执行力、提高政策绩效为目标，从政策过程的制定、执行、评估和终结等方面着手，提出优化自主创新政策的对策建议。在政策制定阶段，应该遵循差异性、系统性、灵活性原则，结合系统论的方法，将局部利益与整体利益、眼前利益与长远利益、国内环境与国际环境、主要目标与次要目标有机地结合起来，充分考虑不同政策工具之间互相支持、协调配套，各类政策之间相互联系、相互配合、相互影响、相互制约，推动形成一个有机协调的面向全球的开放式自主创新政策体系。在政策执行阶段，必须从政策协调机制上下工夫，促进不同类别的自主创新政策协调配合，重点加快行政管理体制改革，破解部门职能分割问题；建立部门间协作机制，突破部门间协调配合限制；建立区域间协作机制，实现资源整合与共享发展；构建参与式政策管理格局，解决信息不对称问题。在政策评估阶段，全面推行自主创新政策评估，开展自主创新政策的事前、事中和事后评估，包括成立自主创新政策评估工作领导小组，制定《自主创新政策评估实施办法》，设立自主创新政策评估工作专项资金，建立专门的自主创新政策评估专家库，加强自主创新政策评估宣传培训工作等方面。在政策终结阶段，应建立一套自主创新政策终结制度，尤其是要建立自主创新政策自动终结机制、设置自主创新政策延续门槛标准、构建自主创新政策实施监控系统、组建自主创新政策终结工作机构，进一步规范选择政策废止、政策替代、政策合并、政策分解、政策缩减、政策法律化等政策终结方式的行为。

第二节　研究可能创新点

近年来，创新政策开始成为创新领域研究热点，尽管涌现出了大量的研究成果，但是通过系统的文献调研与分析发现，本书在以往研究基础上仍存在几点可能的创新，具体来说，主要体现在以下五个方面：

第一，自主创新政策量化的"T-O-P"三维分析框架构建。借鉴已有政策量化研究成果，结合政策的基本构成要素，从政策工具、政策目标和政策力度三个维度，构建了自主创新政策量化的"T-O-P"三维分析框架，并制定了具体的量化标准。通过对改革开放以来的346项自主创新政策文本进行量化分析发现，我国自主创新政策供给数量呈现上升趋势，政策规定缺乏强制性规范，颁布机构表现出较高协同度，政策工具以环境型为主，政策目标侧重自主创新管理能力和支撑能力。从自主创新政策的演进路径来看，经历了从重构科技体制、建立研发投入机制到促进科技成果转化，再到构建创新体系的过程，演绎了我国建设创新型国家的改革过程。

第二，自主创新政策绩效的测量观念创新及方法改进。以往对创新政策绩效的测量，大多运用经济学计量方法考察创新主体的产出，尤为注重经济性产出成果，相对忽视了政策作用对象对政策的实际感知、体验效果。本书以"4E"评价框架作为识别自主创新政策绩效的测评维度，设计自主创新政策绩效测量问卷，对我国东、中、西部300家创新型企业进行实证调查，对回收得到的247份有效问卷进行统计分析，结果表明，我国自主创新政策总体实施绩效处于中等偏上水平；均差赋权法分析结果显示，自主创新政策的效益性绩效得分最高，效率性绩效次之，而公平性与经济性绩效相对较低。另外，主成分分析结果显示，自主创新政策绩效可以划分为直接绩效和间接绩效两个方面，不仅内涵明确、界定清晰，操作起来还比较简便。整体上看，自主创新政策的直接绩效明显高于间接绩效。同时，方差分析结果表明，不同地区自主创新政策的直接绩效存在显著性差异，作用于不同企业类型的自主创新政策总体绩效与间接绩效水平也均存在着显著性差异。

第三，自主创新政策"Q-E-P"理论模型的构建及检验。本书从政策过程的视角出发，构建了自主创新政策质量与政策执行力对政策绩效影响的"Q-E-P"理论模型。以Scartascini等提出的政策质量特征作为识别自主创新政策质量的关键测评维度，以Edwards III提出的政策执行力模型作为识别自主创新政策质量的测评内容，设计自主创新政策质量与政策执行力测量问卷，实证调查结果检验并验证了"Q-E-P"理论模型。其中，典型相关分析结果表明，自主创新政策质量与政策绩效变量之间存在着相互依存的关系。路径分析结果表明，自主创新政策质量不仅对政策绩效产生直接的显著性积极影响，同时还通过政策执行力的中介作用间接地影响自主创新政策绩效。

第四，自主创新政策时空效应的面板模型计量分析。①在不同类别的自主创新政策效应考察上，以往研究尚未发现金融信贷对于推进自主创新存在着较大的不确定性，而本书发现了这一现象，且与其他研究金融发展对经济发展的影响结论较为吻合。②在中国自主创新政策的时期效应考察方面，本书发现了"十一五"时期的自主创新供给政策效应相对"十五"时期在逐渐减弱；自主创新环境政策的作用在"十五"时期不显著，在"十一五"时期却表现出较为显著的强效应，目前尚未有研究发现我国这两个重要发展时期的自主创新政策效应差异。③在中国自主创新政策的区域效应考察方面，本书发现了不同类别的自主创新政策在不同区域的效应显著性和效应强度不同，但是以往研究仅属于思辨性的讨论，尚未回答这种效应差异性的具体程度。④以往研究尽管发现创新规模对自主创新产生影响，但是没有深入考察创新规模对自主创新的影响是否存在时空差异，而本书则回答了这个问题。

第五，基于政策过程的自主创新政策优化路径建构。在上述研究结论的基础上，以改善政策质量、提升政策执行力、提高政策绩效为目标，从政策过程理论的视角，研究提出了自主创新政策的优化路径，包括创建面向全球的开放式创新政策体系、构建自主创新政策协调机制、建立自主创新政策评估制度、完善自主创新政策终结机制等对策建议，对于全面、系统、协调地推动中国自主创新体系建设具有极其重要的借鉴意义和参考价值。

第三节　研究不足与展望

尽管本书在以往研究的基础上，构建自主创新政策量化的"T-O-P"三维分析框架，对我国自主创新政策的供给演进进行量化分析；基于绩效审计的"4E"评价框架，设计自主创新政策绩效测量问卷，对自主创新政策进行实证测评；建立自主创新政策质量与政策执行力对政策绩效影响的"Q-E-P"作用机理模型，并采用数理统计分析方法进行检验和修正；运用面板数据模型的计量分析方法，揭示自主创新政策效应的时空差异，但研究中仍然存在很多不足及需要进一步完善的地方。概括起来，主要有以下几个方面：

（1）政策量化方法有待拓展。本书对自主创新政策工具、政策目标和政策力度的量化方法，只是验证了本书提出的三维分析框架的创新性和可操作性，在一定程度上揭示了自主创新政策的供给特征和演进路径，但对于政策群落、政策关系以及不同政策间的协同效率等方面的评价还需要进一步展开。

（2）政策绩效测量变量有待完善。本书采用李克特五点量表的主观调查方法对研究变量进行了实证测量，尽管也进行了信度和效度检验，检验结果均具有良好的信度和效度，但是由于数据采集条件的限制，被调查者的主观性评价可能会导致研究变量测量出现偏差或缺陷，进而影响到研究的质量和效果。同时，被调查企业所处地区经济社会发展水平、行业特征、企业发展规模等因素是否会对研究结果产生影响也需要进一步探究。因此，在以后的研究中，拟采用更加客观的测评方法和手段，尽可能获取较为客观的研究数据，并且同时考虑和引入更多的影响因素到理论模型中，不断提高模型的有效性和可靠性。

（3）"Q-E-P"模型构建有待改善。由于可供参考的研究文献较少，而且一些概念量化很难实现有效的可操作性，因此本书构建的"Q-E-P"模型相对简单，只有政策执行力这么一个中间变量，而政策质量与政策绩效之间可能还存在其他影响因素和影响路径需要进一步发掘。

（4）研究调查样本有待扩大。本书的调查对象仅来自于对当前作为自主创新主体的企业抽样，尽管考虑到了地区差异，在地区分布上比较均衡，也尽量地保障了问卷的调查质量和有效性，但由于自主创新政策不仅仅作用于企业，还同时作用于科研院所、高校、创新服务机构等，因此，本书的主要研究结论有待对自主创新机构（如企业、科研院所、高校、创新服务机构等）进行更大范围的实证调查验证。

（5）面板数据模型变量测量指标有待检验。由于存在数据获取的困难，本书仅选取高新技术产业产值作为自主创新政策效应的衡量指标，采用财政科技支出、政府采购规模、金融信贷水平、R&D投入、R&D人员和高新技术企业指标来衡量自主创新的供给政策、需求政策、环境政策和基础政策，尽管文中对为什么选择这些测量指标作出充分的讨论，但是仍未对这些指标测量结果的信度和效度进行检验，难免会存在指标测量信度和效度方面的争论。

（6）政策优化路径有待深化。本书尽管从改善政策质量、提升政策执行力、提高政策绩效等方面对全面优化自主创新政策提出一些具有可操作的针对性建议，但是仍存在一些遗憾，如未考虑到不同类别的自主创新机构对自主创新政策的需求类别、需求内容、需求强度、需求时间和需求的优先次序，以及不同类别自主创新政策的协调原则、方式和方法等。因此，这些问题仍有待进一步深入探究。

基于以上研究不足，未来后续研究可以从以下几个方面展开深化和拓展：第一，在梳理得到的自主创新政策样本基础上，继续采用内容分析法（content analysis）对自主创新政策文本更进一步的细致和定量化分析，特别是重点考虑政策群落、政策关系以及不同政策间的协同效率问题。第二，进一步厘清、明确和细化政策质量、政策执行力和政策绩效等研究变量概念内涵，研制具有良好信度和效度以及更具科学性、规范性、适用性和可操作性的测量量表。第三，扩大调查样本范围。采用分层随机抽样的方法，在东部、中部、西部三个区域选择900家自主创新机构（涵盖企业、科研院所、高校、创新服务机构等）进行实证测量。第四，对自主创新政策效应时空差异研究相对变量的测量指标进行效度和信度检验，进一步增强自主创新政策效应变量指标选择的说服力，或探寻最佳信度和效度测度指标。第五，进一步通过深入的理论研究寻找影响自主创新政策质量与政策绩效作用机理的其他中间变量及调节变量，不断细化研究概念模型，构建更为精细的概念作用机理模型。此外，在后续研究中将加强对自主创新政策评估的经验分析和案例研究，不断充实和丰富自主创新政策研究理论与方法。

附　　录

调 查 问 卷

尊敬的女士/先生：

　　您好！为了鼓励企业自主创新，2006 年国务院颁发《国家中长期科学和技术发展规划纲要配套政策》，各部委也相继出台一系列配套政策实施细则，涉及科技投入、税收激励、金融支持、政府采购、引进消化吸收再创新、创造和保护知识产权、人才队伍、教育和科普、科技创新基地和平台、加强统筹协调等方面。我们拟开展对这些自主创新政策进行评估研究，为进一步完善和优化我国自主创新政策措施和政策体系提供理论与实践依据。非常感谢您在百忙之中填写本问卷。

　　本问卷采用匿名的方式，所获得的数据仅供研究之用，不会对您产生任何不利的影响。

　　再次感谢您的大力支持与协助！

　　一、企业基本情况（请根据您所在企业实际情况对题项填空并在"□"内打"√"）

　　1. 贵企业所在地：＿＿＿＿＿＿＿省（直辖市/自治区）

　　2. 贵企业为：

　　□国家级高新技术企业　　　　　　　□省级高新技术企业

　　□地市级高新技术企业　　　　　　　□都不是

3. 贵企业的产品（服务）所属领域：

□电子信息技术　　　　□生物与新医药技术　　□航空航天技术

□新材料技术　　　　　□科技服务业　　　　　□新能源及节能技术

□资源与环境技术　　　□其他领域

4. 贵企业的年销售收入：

□低于 100 万元　　　　□100 万～500 万元　　□500 万～1000 万元

□1000 万～5000 万元　□5000 万～1 亿元　　　□1 亿～5 亿元

□5 亿～10 亿元　　　　□10 亿元以上

5. 贵企业的产权性质：

□民营　　□外商投资　　□港澳台资　　□国有　　□集体　　□其他

6. 贵企业现有员工人数：

□100 人以下　　　　□100～300 人　　　　□300～500 人　　　　□500 人以上

7. 您在贵企业的职务是：

□高层管理者　　　　□中层管理者　　　　□基层管理者　　　　□普通员工

二、我国自主创新政策调查（说明：请您结合贵企业的实际情况和自身感受，对以下各项调查内容的赞同程度作出准确判断，在相应的数字上打"√"。）

（一）自主创新政策绩效的调查

序号	调查内容	赞同程度判断				
		极不赞同	较不赞同	中等程度	比较赞同	非常赞同
1	自主创新政策对企业的研发投入具有一定的激励作用	1	2	3	4	5
2	有效使用自主创新政策能够有效降低企业自主创新的风险	1	2	3	4	5
3	自主创新政策在一定程度上解决了本企业因研发投入而导致现金流或销售暂时短缺的问题	1	2	3	4	5
4	自主创新政策有利于本企业将各部门目标整合到创新工作上	1	2	3	4	5
5	自主创新政策能够提高本企业获取和利用自主创新资源的能力	1	2	3	4	5
6	自主创新政策对促进科技成果转化发挥了积极有效的作用	1	2	3	4	5
7	自主创新政策颁布实施在一定程度上缓解了严峻的就业形势	1	2	3	4	5

（一）自主创新政策绩效的调查

序号	调查内容	赞同程度判断				
		极不赞同	较不赞同	中等程度	比较赞同	非常赞同
8	自主创新政策对于推动环保节能事业发挥着积极的建设性作用	1	2	3	4	5
9	本企业的发展离不开自主创新政策的支持	1	2	3	4	5
10	自主创新政策兼顾了各方面利益、照顾了各方关切	1	2	3	4	5
11	本企业享受与同行业其他企业一样的自主创新优惠政策	1	2	3	4	5
12	自主创新政策对本企业和其他同行企业都具有普遍约束力	1	2	3	4	5
（二）自主创新政策质量的调查						
13	自主创新政策频繁调整的现象比较少见	1	2	3	4	5
14	很少出现有效期内的自主创新政策废弃现象	1	2	3	4	5
15	本企业很少因为自主创新政策调整产生烦恼	1	2	3	4	5
16	过去调整自主创新政策是为了改善创新环境	1	2	3	4	5
17	当前的自主创新政策比较符合本企业的实际需要	1	2	3	4	5
18	当前的自主创新政策能够适应创新环境发展变化	1	2	3	4	5
19	自主创新政策与其他政策之间不存在相互冲突	1	2	3	4	5
20	不同类型的自主创新政策措施没有发生抵触现象	1	2	3	4	5
21	不同部门制定的自主创新政策作用目标比较一致	1	2	3	4	5
22	先后制定实施的自主创新政策比较连贯	1	2	3	4	5
23	自主创新政策的各种配套措施比较到位	1	2	3	4	5
24	激励自主创新的短期政策与长期政策衔接得比较好	1	2	3	4	5
（三）自主创新政策执行力的调查						
25	自主创新政策的有关宣传工作比较到位	1	2	3	4	5
26	政策执行人员对自主创新政策内容的认识比较深刻	1	2	3	4	5
27	激励自主创新的政策执行人员工作能力比较强	1	2	3	4	5
28	自主创新政策的不同执行权责部门之间密切配合	1	2	3	4	5

参 考 文 献

安德森 . 1990. 公共决策 . 唐亮译 . 北京：华夏出版社 .

埃莉诺·奥斯特罗姆，拉里·施罗德，苏珊·温 . 2000. 制度激励与可持续发展 . 陈幽泓，等译 . 上海：上海三联出版社 .

巴托恰 . 1989. 发展高技术产业政策之比较 . 国际技术经济研究所译 . 北京：中国友谊出版公司 .

白景美，宋春艳，王树恩 . 2007. 试析战后日本技术创新政策演变的特点及启示 . 科学管理研究，(2)：116-117.

鲍克 . 1994, 市场经济中的技术创新政策 . 科学学研究，12（4）：47-54.

曹堂哲，张再林 . 2005. 话语理论视角中的公共政策质量问题：提升公共政策质量的第三条道路及其对当代中国的借鉴 . 武汉大学学报（哲学社会科学版），(6)：857-861.

陈劲 . 1994. 从技术引进到自主创新的学习模式 . 科研管理，(2)：31-34.

陈劲，王飞绒 . 2005. 创新政策：多国比较和发展框架 . 杭州：浙江大学出版社 .

陈向东，胡萍 . 2004. 我国技术创新政策效用实证分析 . 科学学研究，22（1）：108-112.

陈振明 . 1998. 政策科学 . 北京：中国人民大学出版社 .

陈振明 . 2002. 公共政策分析 . 北京：中国人民大学出版社 .

程华，钱芬芬 . 2013. 政策力度、政策稳定性、政策工具与创新绩效 . 科研管理，(10)：103-108.

戴海崎，等 . 2002. 心理教育测量 . 广州：暨南大学出版社 .

戴伊 . 2008. 理解公共政策（第十一版）. 孙彩红译 . 北京：北京大学出版社 .

丁煌 . 2002a. 我国现阶段政策执行阻滞及其防治对策的制度分析 . 政治学研究，(1)：28-39.

丁煌 . 2002b. 政策制定的科学性与政策执行的有效性 . 南京社会科学，(1)：38-41.

丁煌，李晓飞 . 2013. 中国政策执行力研究评估：2003－2012 年 . 公共行政评论，(4)：130-181.

段忠贤 . 2013. 农村科技信息传播模式及传播效果评价 . 社会科学家，(5)：66-68.

范柏乃 . 2010. 面向自主创新的财税激励政策研究 . 北京：科学出版社 .

范柏乃，班鹏 . 2008. 基于 SD 模拟的企业自主创新财税政策激励研究 . 自然辩证法通讯，30（3）：49-56.

范柏乃，蓝志勇 . 2008. 公共管理研究与定量分析方法 . 北京：科学出版社 .

自主创新政策的供给演进、绩效测量及优化路径研究

范柏乃，段忠贤，江蕾. 2012. 创新政策研究述评与展望. 软科学，(11)：43-47.

范柏乃，段忠贤，江蕾. 2013a. 中国自主创新政策：演进、效应与优化. 中国科技论坛，(9)：5-12.

范柏乃，段忠贤，江蕾. 2013b. 中国自主创新政策的效应及其时空差异. 经济地理，33 (8)：31-36.

范柏乃，郑启军，段忠贤. 2013. 自主创新政策的演进：理论分析与浙江经验. 中共浙江省委党校学报，(4)：12-18.

费宇. 2007. 应用数理统计：基本概念与方法. 北京：科学出版社.

冯锋，汪良兵. 2011. 协同创新视角下的区域科技政策绩效提升研究：基于泛长三角区域的实证分析. 科学学与科学技术管理，(12)：109-115.

郭兵，苏林，谢智敏. 2012. 基于扎根理论的科技创新政策效果后评估分析：上海 109 家企业调研问卷文本为数据基础. 技术经济，(2)：20-23，29.

洪涛. 2013. 中美货币政策协调性实证量化评估与比较. 经济问题探索，(6)：103-111.

洪勇，李英敏. 2012. 自主创新的政策传导机制研究. 科学学研究，(3)：449-457.

胡景荣，黄茂，张兰伟. 2010. 地方政府科技政策执行的制度机制建设. 中国科技信息，(10)：317-318.

胡明勇，周寄中. 2001. 政府资助对技术创新的作用理论分析与政策工具选择. 科研管理，(1)：31-36.

胡卫. 2008. 自主创新的理论基础与财政政策工具研究. 北京：经济科学出版社.

江蕾. 2010. 基于自主创新的区域创新体系建设研究. 北京：科学出版社.

江明生. 2007. 政策制定过程的对话与交流. 行政论坛，(4)：35-38.

江永真. 2012. 区域自主创新政策绩效评估模型构建及实证分析. 福州大学学报 (哲学社会科学版)，(2)：21-24，45.

蒋华林. 2012. 台湾地区科技政策绩效、特点及启示. 中国科技论坛，(9)：48-52.

经济合作与发展组织，中华人民共和国科学技术部. 2009a. 中国创新政策述评. 科学观察，(1)：1-27.

经济合作与发展组织，中华人民共和国科学技术部. 2009b. 中国创新政策述评. 科学观察，(2)：9-23.

匡跃辉. 2005. 科技政策评估：标准与方法. 科学管理研究，(6)：64-70.

李大治，王二平. 2007. 公共政策制定程序对政策可接受性的影响. 心理学报，39 (6)：

1093-1101.

李建民, 陈敏 . 2011. 国家科技政策失灵的问题分析及应对措施：基于地方政府博弈的分析 . 中国行政管理, (2)：37-40.

李蕊 . 2008. FDI 与中国工业自主创新：基于地区面板数据的实证分析 . 世界经济研究, (2)：15-21.

李侠, 蒋美仕 . 2006. 论科技政策制定中的伦理基础缺失问题 . 中国科技论坛, (4)：105-109.

李侠, 苏金英 . 2008. 论中国科技政策质量测度体系的构建 . 中国科技论坛, (5)：93-97.

李侠, 孙立真, 于兆吉 . 2002. 论舆论在科技政策制定过程中的作用 . 科学学研究, (1)：29-32.

李侠, 邢润川 . 2001. 浅谈科技政策失灵现象 . 科学学研究, (2)：37-42.

李彦瑾 . 2007. 自主创新政策执行中的政府作用研究 . 大连：大连理工大学硕士学位论文 .

李杨 . 2008. 我国公共政策制定中对公平价值取向的偏 . 审计与理财, (3)：43-44.

林水波, 张世贤 . 1982. 公共政策 . 台北：五南图书出版公司 .

刘凤朝, 孙玉涛 . 2007. 我国科技政策向创新政策演变的过程、趋势与建议：基于我国289项创新政策的实证分析 . 中国软科学, (5)：34-42.

刘海波 . 1998. 论科技政策决策过程的专家参与 . 自然辩证法研究, (7)：52-59.

刘海波, 靳宗振 . 2011. 政策过程与政策质量 . 科学与社会, (3)：85-95.

刘红, 姚永玲 . 2008. 中国科技创新效率与经济增长的实证研究 . 统计与决策, (13)：101-104.

刘进才 . 1999. 政策质量是政治文明的主要标志 . 中国行政管理, (12)：65-66.

柳卸林 . 1993. 技术创新经济学 . 北京：中国经济出版社 .

柳卸林 . 1997. 技术轨道和自主创新 . 中国科技论坛, (2)：31-33.

柳卸林, 游光荣, 赵林榜 . 2007. 促进自主创新的政策 . 中国创新管理前沿（第三辑）. 北京：知识产权出版社 .

龙海明, 柳沙玲 . 2008. 多重均衡条件下农村正规金融发展与经济增长的关系：基于中国省际数据的实证分析 . 金融研究, (6)：158-168.

娄成武, 顾爱华 . 2005. 论我国科技政策执行问题 . 辽宁行政学院学报, (4)：175-176.

栾春娟, 侯海燕, 王贤文 . 2009. 国际科技政策研究热点与前沿的可视化分析 . 科学学研究, (2)：240-243.

罗山, 杨正洴, 邓伟东, 等 . 2010. 珠海经济特区自主创新政策体系实效评估暨优化 . 科技管理研究, (9): 66-69.

罗伟, 连燕华, 方新. 1996. 技术创新与政府政策. 北京: 人民出版社.

吕明洁, 陈松. 2011. 我国高技术产业政策绩效以及收敛分析. 科学学与科学技术管理, (2): 43-47.

吕学新, 杨芳. 2007. 公共政策执行的影响因素分析. 理论界, (12): 44.

马庆国. 2002. 管理统计. 北京: 科学出版社.

孟鑫, 司晓悦. 2007. 区域科技创新配套政策系统优化整合路径探析. 科技成果纵横, (4): 16-18.

莫勇波. 2005. 提升地方政府政策执行力的路径选择: 基于制度创新角度的探析. 云南行政学院学报, (6): 63-66.

宁骚. 2003. 公共政策学. 北京: 高等教育出版社.

潘洪涛. 2008. 公共政策质量及其对公共政策执行力的影响研究. 上海: 上海师范大学硕士学位论文.

彭富国. 2003. 中国地方技术创新政策效果分析. 研究与发展管理, (6): 17-21.

彭纪生, 孙文祥, 仲为国. 2008a. 中国技术创新政策演变与绩效实证研究 (1978–2006). 科研管理, (4): 134-150.

彭纪生, 仲为国, 孙文祥. 2008b. 政策测量、政策协同演变与经济绩效: 基于创新政策的实证研究. 管理世界, (9): 25-36.

秦德君. 2007. 公共政策的国家产出: 质量与绩效. 社会科学, (3): 43-53.

邱汉中. 2002. 改进和优化公共政策制定质量的系统分析. 理论与改革, (6): 35-37.

任锦鸾, 穆荣平, 周晓思. 2006. 创新政策研究支持系统构建. 科学学与科学技术管理, (8): 51-55.

盛亚, 孔莎莎. 2011. 中国知识产权政策的演变 (1985–2009). 科技进步与对策, (23): 28-32.

盛亚, 孙津. 2013. 我国区域创新政策比较: 基于浙、粤、苏、京、沪5省 (市) 的研究. 科技进步与对策, (6): 93-97.

史铭鑫. 2005. 产业政策效果的博弈分析. 前沿, (11): 39-41.

苏金英, 李侠. 2009. 论科技政策质量偏差的表现形式. 科学学研究, (S2): 318-321.

苏靖. 2012. 关于促进自主创新政策落实的若干思考. 中国科技论坛, (2): 5-7.

隋映辉. 1988. 论产业政策的统一性和连续性. 科学·经济·社会, (4): 228-231.

隋永强，潘勇，娄成武. 2003. 关于我国区域科技政策制定的思考. 东北大学学报，(6)：432-434.

谈毅，全允桓. 2004. 韩国国家科技计划评估模式分析与借鉴. 外国经济与管理，(6)：46-49.

汪凌勇，杨超. 2010. 国外创新政策评估实践与启示. 科技管理研究，(15)：29-30.

王福生. 1991. 政策学研究. 成都：四川人民出版社.

王明涛. 1999. 多指标综合评价中权数确定的离差、均方差决策方法. 中国软科学，(8)：100-107.

王然，邓伟根. 2011. 研发投入来源、技术溢出渠道与自主创新绩效. 科技进步与对策，(10)：6-9.

王绍光. 2006. 中国公共政策议程设置的模式. 中国社会科学，(5)：86-99.

王诗宗. 2003. 公共政策：理论与方法. 杭州：浙江大学出版社.

王思薇，安树伟. 2010. 西部大开发科技政策绩效评价. 科技管理研究，(2)：48-50.

王霞，郭兵，苏林. 2012. 基于内容分析法的上海市科技政策演进分析. 科技进步与对策，(23)：104-107.

闻媛. 2009. 技术创新政策分析与工具选择. 科技管理研究，(8)：47-49.

吴建南，李怀祖. 1998. 我国改革开放以来技术创新政策回顾及建议：纪念党的十一届三中全会召开20周年. 科技进步与对策，(6)：1-3.

吴建南，李贵宁，侯一麟. 2005. 财政管理、角色冲突与组织绩效：面向中国乡镇政府的探索性研究. 管理世界，(12)：57-64.

吴明隆. 2010. 结构方程模型：AMOS的操作与运用（第二版）. 重庆：重庆大学出版社.

吴欣. 2010. 创新政策：概念、演进与分类研究综述. 生产力研究，(7)：251.

夏国藩. 1993. 技术创新与技术转移. 北京：航空工业出版社.

肖久灵，孙文祥，彭纪生. 2009. 地方政府技术政策演化与绩效研究：以江苏省为例. 中国科技论坛，(11)：72-76.

肖士恩，雷家骕，刘文艳. 2003. 科技创新政策评估的理论与方法初探. 中国科技论坛，(5)：24-27.

邢怀滨，苏竣. 2005. 公共科技政策分析的理论进路：评述与比较. 公共管理学报，(4)：42-51.

熊彼特. 2000. 经济发展理论. 邹建平译. 北京：商务印书馆.

徐大可，陈劲. 2004. 创新政策设计的理念和框架. 国家行政学院学报，(4)：26-29.

徐小龙.2008.试论科技政策的负效应.中国地质大学学报（社会科学版），（3）：99-103.

薛澜，柳卸林，穆荣平.2011.中国创新政策研究报告.北京：科学出版社.

严强.2008.公共政策学.北京：社会科学文献出版社.

杨斌.2010.我国科技政策制定主体的政策认知及政策分析.武科技大学学报（社会科学版），（3）：23-27.

杨妮娜.2011.公共政策可行性研究与政策执行力改进.行政与法，（1）：60-62.

叶胡，宋伟，赵嘉茜.2012.基于两阶段集中式 CCR-DEA 模型的科技政策绩效评估分析.中国科技论坛，（12）：27-33.

于凤荣，王殿春.1995 提高我国公共政策执行力的对策研究.行政论坛，（3）：11-13.

于军.1999.英国地方行政改革研究.北京：国家行政学院出版社.

袁志彬.2011.中国科技政策议程设置模式初探.科学学与科学技术管理，（1）：26-29.

张凤合.2006.政策议程设定中的政策空间.理论探讨，（2）：136-140.

张金马.1992.政策科学导论.北京：中国人民大学出版社.

张凌，王为.2008.黑龙江省技术创新政策的实施效果研究.科技管理研究，（6）：135-137.

张义梁，张嵋喆.2006.国家自主创新能力评价指标体系研究.经济学家，（6）：28-34.

张韵君.2012.政策工具视角的中小企业技术创新政策分析.中国行政管理，（4）：43-47.

赵峰，张晓丰.2011.科技政策评估的内涵与评估框架研究.北京化工大学学报：社会科学版，（1）：25-31.

赵莉晓.2014.创新政策评估理论方法研究：基于公共政策评估逻辑框架的视角.科学学研究，32（2）：195-202.

赵林海.2012.基于创新系统理论的科技创新政策制定研究.科技进步与对策，（13）：98-101.

赵筱媛，苏竣.2007.基于政策工具的公共科技政策分析框架研究.科学学研究，（1）：52-56.

赵修卫.2006.现代科技创新政策发展的四个特点.科学学研究，（6）：890-900.

郑代良，钟书华.2009.1978–2008：中国高新技术政策文本的定量分析.科学学与科学技术管理，（3）：54-60.

郑方辉，毕紫薇，孟凡颖.2010.取水许可与水资源费征收政策执行绩效评价.华南农业大学学报，（1）：57-63.

中国行政管理学会课题组.2013.政府公共政策绩效评估研究.中国行政管理，（3）：20-23.

仲为国，彭纪生，孙文祥.2009.政策测量、政策协同与技术绩效：基于中国创新政策的实证研究.科学学与科学技术管理，（3）：54-60，95.

周丁，王胜光，刘会武．2006．探究中小企业创新政策框架下的组织和制度建设．中国科技论坛，(5)：31-35.

周国雄．2007．论公共政策执行力．探索与争鸣，(6)：34-37.

周海鹰．2007．科技部政策体改司浙江"深度访谓"．今日科技，(10)：6-9.

朱春奎．1997．依托技术创新促进经济增长方式转变的政策取向．中国行政管理，(10)：26-27.

朱春奎．2013．科技政策的决策科学化是科技体制改革的一个重要课题．公共行政评论，(5)：13-19.

朱春奎，余飞，刘伟伟．2012．政策终结理论研究进展与展望．复旦公共行政评论，(2)：233-256.

綦良群，舒春．2005．高新技术产业政策评估的理论分析．中国科技论坛，(5)：95-97.

綦良群，于颖，朱添波．2008．高新技术产业政策评估要素的系统分析．中国科技论坛，(4)：11-15.

Akcakaya R. 2001. Procedure for the assessment of R&D performance for a manufacturing company. Marmara University, Institute for Graduate Studies in Pure and Applied Sciences.

Amsden S. 1989. Hitting the service excellence target. Industrial Management, 31 (1)：6-13.

Badinger H, Tondl G. 2002. Trade, human capital and innovation: the engines of European regional growth in the 1990s. IEF Working Paper Nr. 42.

Barbieri E, Di Tommaso M R, Huang M. 2010. Industrial development policy and innovation in Southern China: Government targets and firms behaviour. European Planning Studies, 18 (1)：3-105.

Bellandi M, Caloffi A. 2010. An analysis of regional policies promoting networks for innovation. European Planning Studies, 18 (1)：67-80.

Bernstein J I, Nadiri M I. 1988. Interindustry R&D spillovers, rates of return, and production in high-tech industries. American Economic Review, 78 (2)：429-434.

Boschma R A. 2004. Competitiveness of regions from an evolutionary perspective. Regional Studies, 38 (9)：1001-1014.

Brown W B, Gobeli D. 1992. Observation on the measurement of R&D productivity: A case study. IEEE Transactions on Engineering Management, 39 (4)：325-331.

Cantner U, Pyka A. 2001. Classifying technology police from an evolutionary perspective. Reseach Policy, 30 (5)：759-775.

Cao C, Suttmeier R P, Simon D F. 2009. Success in state directed innovation? Perspectives on China's plan for the development of science and technology//Parayil G, Costa A P D. The New Asian Innovation Dynamics: China and India in Perspective. London: Palgrave Macmillan.

Chesbrough H. 2003. Open Innovation, The New Imperative for Creating and Profiting from Technology. Boston: Harvard Business School Press.

Cobb R, Ross J K, Ross M H. 1976. Agenda building as a comparative political process. American Political Science Review, 70 (3): 126-138.

Dodgson M, Bessant J. 1996. Effective Innovation Policy. London: International Thoson Business Press.

EdwardsⅢ, George C. 1980. Implementing Public Policy. Washington: Congressional Quarterly Press.

Engerman S, Sokoloff K. 2008. Debating the role of institutions in political and economic development: Theory, history, and findings. Annual Review of Political Science, 11 (1): 119-135.

Ergas H. 1987. Does technology policy matter// Guile B R, Brooks H. Technology and Global Industries: Companies and Nations in the World Economy. Washington: National Academic Press.

Fölster S. 1995. Should cooperative R&D be subsidized? An empirical analysis// van Witteloostuijn A. Market Evolution: Competition and Cooperation. Dordrecht: Kluwer Academic Publishers.

Forbes N, Wield D. 2002. From Followers to Leaders: Managing Technology and Innovation. New York: Routledge.

Freitasa I M B, von Tunzelmann N. 2008. Mapping public support for innovation: A comparison of policy alignment in the UK and France. Research Policy, 37 (9): 1446-1464.

Gold B. 1989. Some key problems in evaluating R&D performance. Journal of Engineering and Technology Management, 6 (1): 59-70.

Graversen E, Siune K. 2008. Statistical Indicators for R&d and Innovation: A Guide for Interpretation and Valuation. Aarhus: Dansk Center for Forskningsanalyse.

Griffin A, Page A L. 1996. PDMA success measurement project: Recommended measures for product development success and failure. The Journal of Product Innovation Management, 13 (1): 478-696.

Hansen O E, Sondergard B, Meredith S. 2002. Environmental innovations in small and medium sized enterprises. Technology Analysis & Strategic Management, 14 (1): 37-56.

Hauser J, Zettelmeyer F. 1997. Metrics to evaluate R, D&E. Research Technology Management, 40 (4): 32-38.

Howells J. 2005. Innovation and of perspective regional economic development: A matter of perspective. Research Policy, 31 (1): 1220-1231.

Huang C, Amorim C, Spinoglio M, et al. 2004. Organization, programme and structure: An analysis of the Chinese innovation policy framework. R&D Management, 34 (4): 367-387.

Hultink E J, Robben H S J. 1995. Measuring new product success: The difference that time perspective makes. The Journal of Product Innovation Management, 12 (1): 392-405.

Inge C, Kerssens- van Drongelen, Bilderbeek J. 1999. R&D performance measurement: More than choosing a set of metrics. R&D management, 29 (1): 35-46.

Jaffe A B. 1986. Technological opportunity and spillovers of R&D: Evidence from firms' patents, profits, and market value. American Economic Review, 76 (5): 984-1001.

Jaumotte F, Pain N. 2005. An Overview of Public Policies to Support Innovation. OECD Economics Department Working Papers.

Jones C I, Williams J C. 1997. Measuring the social return to R&D. Finance and Economics Discussion Series Staff Working Papers.

Jones L P, Sakong I. 1980. Government, Business and Entrepreneurship in Economic Development: The Korean Case. Cambrige: Harvard University Press.

Jordan G B. 2007. Overview of Evaluation Methods for R&D Programs. http: //www. osti. gov/scitech/ biblio/1216584 [2010-12-20].

Kerssensvan D, Bilderbeek J. 1999. R&D performance measurement: More than choosing a set of metrics. R&D management, 29 (1): 35-46.

Kim L. 1997. Imitation to Innovation. MA: Harvard Business School Press.

Kuhlmann S. 2001. Future governance of innovation policy in Europe-three scenarios. Research Policy , 30 (1): 953-976.

Lemola T. 2002. Convergence of national science and technology policies: The case of Finland. Research policy, 31 (8): 1481-1490.

Lepori B, et al. 2007. Indicators for comparative analysis of public project funding: concepts, implementation and evaluation. Investigative Ophthalmology & Visual Science, 19 (4): 243-255.

Lerner D, Lasswell H D. 1951. The Policy Sciences: Recent Developments in Scope and Method. Stanford: Stanford University Press.

Link A N. 1987. Technological change and productivity growth. Anphi Papers, 6 (2): 4-7.

Llerena P, Matt M. 2005. Innovation Policy in a Knowledge- Based Economy. New York: Springer.

Loch C H, Tapper U A S. 2002. Implementing a strategy-driven performance measurement system for an applied research group. The Journal of Product Innovation Management, 19 (1): 185-189.

Lundvall B A, Borras S. 2005. Science, Technology, and Innovation Policy. New York: Oxford University Press.

Mansfield E. 1985. How rapidly does new industrial technology leak out. Journal of Industrial Economics, 34 (2): 217-223.

Mansfield E, Schwartz M, Wagner S. 1981. Imitation costs and patents: An empirical study. Economic Journal, 91 (364): 907-918.

Mustar P, Larédo P. 2002. Innovation and research policy in France (1980–2000) or the disappearance of the Colbertist state. Research Policy, 31 (1): 55-72.

Pappas R, Remer D. 1985. Measuring R&D productivity. Research Management, (2): 15-22.

Radosevic S. 2003. Patterns of preservation, restructuring and survival: Science and technology policy in Russia in post-Soviet era. Research Policy, 32 (1): 1105-1124.

Rametsteiner E, Weiss G. 2006. Assessing policies from a systems perspecitve-experiences with applied innovation systems analysis and implications for policy evaluation. Forest Policy and Economics, 8 (1): 564-576.

Rioja F, Valev N. 2004. Finance and the Sources of Growth at various stages of Economic Development. Economic Inquiry, (42): 127-140.

Rodrik D. 1989. Policy uncertainty and private investment in developing countries. Journal of Development Economics, 36 (2): 229-242.

Rosalie R, Gretchen J. 2007. Overview of Evaluation Methods for R&D Programs. https://www1.eere.energy.gov/analysis/pdfs/evaluation_methods_r_and_d.pdf[2010-12-20].

Rothwell R. 1986. Public innovation policy: To Have or to have not. R&D Management, 16 (1): 34-63.

Rothwell R, Zegweld W. 1981. Industrial Innovation and Public Policy: Preparing for the 1980s to 1990s. London: France Printer.

Rothwell R, Zegveld W. 1985. Reindustrialization and Technology. London: Logman Group Limited.

Scartascini C, Stein E, Tommasi M. 2013. Political institutions, intertemporal cooperation, and the quality of policies. Journal of Applied Economics, 16 (1): 1-32.

Schaaper M. 2009. Measuring China's innovation system national specificities and international comparisons. OECD, STI Working Paper 2009 /1.

Siune K. 2005. The role of evaluation in innovation policies strength and weaknesses of the use of evaluation in innovation policies. http://www.forskningsdatabasen.dk/catalog/2194637614 [2010-12-20].

Steill B. 2002. Changes in ownership and governance of securities exchanges: Causes and consequences// Litan R E, Santomero A M. Brookings-Wharton Papers on Financial Services. Washington: Brookings Institution Press.

Tipping J W, Zeffren E, Fusfeld A R. 1995. Assessing the value of your technology. Research Technology Management, 38 (5): 22-39.

van Hom C E, van Meter D C. 1976. The implementation of intergovernmental policy// Jones C O, Thomas R D. Public Policy Making in Federal System. Beverly Hill: Sage Publications.

Vedung E. 1997. Public and Program Evalution. New Brunswick (U.S.A.) and London (U.K.): Trensaction Publishers.

Weaver R K, Rockman B A. 1993. Do Institutions Matter? Government Capabilities in the United States and Abroad. Washington: Brookings Institution Press.

Werner B M, Souder W E. 1997. Measuring R&D performance- US and German Practice. Research Technology Management, 40 (3): 28-32.

Wintjes R, Nauwelaers C. 2007. Evaluation of the innovation impact from programmes with the interacting goals of research excellence and regional development: how to decentralize the Lisbon Strategy into coherent innovation policy mixes. http://www.cgee.org.br/arquivos/SI_ExcellenceandCohesion%20_WintjesR.pdf [2010-12-20].

Yavakova B. 2006. Reconceptualizing innovation policy: The case of France. Technovation, 26: 444-462.

Ziman J. 2000. Technological Process. Cambridge: Cambridge Innovation as An Evolutionary University Press.

自主创新政策的供给演进、绩效测量及优化路径研究

索　引